ISBN 978-0-428-92668-7
PIBN 11210493

English
Français
Deutsche
Italiano
Español
Português

www.forgottenbooks.com

Mythology Photography **Fiction**
Fishing Christianity **Art** Cooking
Essays Buddhism Freemasonry
Medicine **Biology** Music **Ancient
Egypt** Evolution Carpentry Physics
Dance Geology **Mathematics** Fitness
Shakespeare **Folklore** Yoga Marketing
Confidence Immortality Biographies
Poetry **Psychology** Witchcraft
Electronics Chemistry History **Law**
Accounting **Philosophy** Anthropology
Alchemy Drama Quantum Mechanics
Atheism Sexual Health **Ancient History**
Entrepreneurship Languages Sport
Paleontology Needlework Islam
Metaphysics Investment Archaeology
Parenting Statistics Criminology
Motivational

LOS BOXERS

(Desde París)

LOS BOXERS

En este gran París la política es una broma de mal género. En broma fueron los franceses á Sedan y en broma se quedaron sin la Alsacia y la Lorena. Para los extrangeros, París tiene los encantos del arte diabólico, así como Italia tiene los encantos del arte sensato y natural. Los extrangeros vienen á París, por eso, en busca de la Misa Negra, y van á Italia á contemplar

el genio. Pero París *político*, París
luchador en el campo del derecho,
es una irrisión y una farsa, digno
contraste de aquel 93 turbulento
y sincero. En este sentido, le que-
dan los templos, los demagogos,
y una escuela terrible de delatores
que dirigen Edouard Drumont y
Henry Rochefort. A eso ha veni-
do á parar esta gran ciudad de Na-
poleón I y León Gambetta! Le
quedan los templos, sólo los tem-
plos. Donde esconde la tierra los
restos de María Antonieta, vemos
estas palabras que sintetizan un
siglo de progreso: *Libertad, Igual-
dad, Fraternidad.* Mas allá, *Los
Inválidos*, obra de la humanidad,
edificada con escombros de honor
sobre cimientos de miles de cra-

neos, con paredes de sangre coagulada...... Hermoso y terrible. Vamos allí, con el culto de la gloria en el cerebro, y asomados á la gran tumba del *cabito*, sentimos ganas de rezar......

Los franceses nos miran y se rien. En cambio, tenemos que aprontar la propina á los porteros que guardan, por fuerza, los sombreros. La propina es el único medio de ser dignos de andar por la gran capital.

Es tan variada en sus espectáculos la ciudad, que podemos vivir sin las conmociones que sufre el Estado con detrimento del pueblo. Andamos ciegos y sabemos las cosas por la prensa. De ahí que con frecuencia las gentes se asus-

pia sus cañones y prepara sus fu-
siles en Tien-Tsin.

El Hijo del Cielo no lo puede
evitar! Tien-Tsin le traiciona, agru-
pando los barcos extrangeros y en
China es eso lo que no se quiere.
Sin extrangeros, la paz reinaría con
toda su disciplina. Aquello es otro
mundo, otra civilización, otra san-
gre, otro color. El voto del pue-
blo asciende á millones; el nacio-
nalismo se estremece ante los fe-
rrocarriles que plantan mercaderes
europeos; y en aquella vasta tierra
asiática, exótica para nosotros, se
odia el exotismo nuestro, recrimi-
nación altiva á los hijos de Amé-
rica que dejamos nuestras flechas
para usar el Mauser.

Los *boxers* se lanzan al campo

y los proteje la Emperatríz, el príncipe Kangyi y el no menos príncipe Ching-Tuan. Es cosa entonces del gobierno. Los *boxers* representan la estupidez y la terquedad de los chinos. Atacan el tren de Laptifen, asesinan á los viajeros y continúan su obra destructora.

—¡Abajo los de *extrangis*! ¡La China para los chinos!

Y hasta cierto punto, señores, yo tengo grandes simpatías por los chinos. Confusio les dicta su deber, como Monroe impuso á los yankis la defensa de América para los americanos. Y yo estoy cierto señores (¡y vá de discurso!) que Confusio valió más que Monroe.

¡En el Boulevard des Capucines se eleva un *De profundis* por el alma de los *boxers*, por el *nacionalismo* del Celeste Imperio, por muchos miles de ilusiones que mueren, para que nazcan la ambición y el crímen!.........

Budha en conferencia con Cristo!

El *nacionalismo* es algo así como el último suspiro de ese gran cadáver que se llama Imperio Celeste. Nacionalistas triunfan solo en países de gran empuje—que á la sazón son pocos. Los chinos sin embargo, precipitan la muerte de su *nacionalismo* con el misterio característico de todos sus actos, acaparando para sí el desarrollo

de sus ideas, su civilización, su
arte. Y la humanidad que tanto
les debe, hoy por hoy nada tiene
que agradecer al gran Imperio.

La vieja Emperatríz, que derra-
mó la sangre de los suyos, que
tuvo un día siniestro por arma el
veneno para derrocar obstáculos
y vencer de una vez y subir al tro-
no, hunde hoy el puñal á su Impe-
rio, protegiendo el nacionalismo
de los *boxers* que viene á ser el
odio al extranjero, la consolidación
terrible del misterio que cubre la
corona china.

No; los chinos tienen su mundo,
su vida, sus costumbres y jamás
consentirán en que los europeos
impúdicos violen la virginidad de
su Arte simbólico y eterno.

Un francés quiso mirar al Hijo del Cielo y se le condenó á muerte. El Hijo del Cielo es algo sagrado, que para los chinos lo expresa todo. Ellos no viven bajo el Estado, sino en el culto de su espiritual Emperador. Y el Hijo del Cielo, para mí, es un grandísimo bribón que compromete la Patria—patria *china*, pero patria al fin—por conservar una soberanía olímpica que funda en estúpido fanatismo. Todo el Imperio puede creerle de charla con Budha ..pero él ..él no puede participar del fanatismo de sus súbditos porque no ha visto á Budha ni en las noches de orgía sufriendo espasmos de china olorosa á opio.

***

El primero de Junio de cada año se celebra entre los chinos la fiesta "Del Dragón." El soberano del Celeste Imperio se echa al arroyo por la primera y última vez del año. Recorre las calles con absurdo y pomposo boato, y no es lícito á los súbditos del Hijo del Cielo verle allá, muy adentro, en un rincón del *palanquín*. Si alguien le mira—¡horrendo crimen! —rompe con el sagrado misterio que cuesta aparecer colgadito en una de las puertas de la ciudad.

Una hora antes de salir la comitiva celeste, las calles se registran para librarlas de curiosos, se cierran puertas y ventanas y se cubren, las paredes, por si acaso, con lienzos de colorines

El palanquín es de oro y su co-
mitiva fantástica. El emperador
lleva un enorme quitasol y le ro-
dean guardias con caras muy se
rias, que no miran al soberano,
armados de lanzas afiladas. Los
guardias usan trencita como *Su
Magestad.*

Y ese símbolo del fanatismo,
quiere vivir sano á través del mun-
do que adelanta hacia la anarquía.
En China no hay socialistas. Los
boxers que son unos cinco millo-
nes de revolucionarios *nada más*,
defienden con su pipa y su fusil,
esa antigua *muestra*, esa relíquia
digna de respeto. Hay en el ideal
de los *boxers*, por lo mismo que se
funda en la Historia, algo de gran-
deza humana que exige á los es-

pectadores muchísima cortesía ...
cortesía europea.

***

Un orador de Clichy, un bohe-
mio de esos que conocen Gómez
Carrillo y Miguelito Pardo, pro
nosticaba estas fatales dificulta-
des ayer, al apagarse el sol:

—Intervienen las naciones y se
quedan con la tierra. Eso es dere-
cho de gentes en uso. Pero luego
vamos á andar á la greña por cuar-
ta más ó ménos de tierra asiática.
Y entonces la guerra Universal....
Los planetas que se rompen entre
sí la crisma... Rusia y Japón no
tardarán en irse á las manos y
nuestra Francia omnipotente. . .

No hablemos de Francia, si es
preciso considerarla omnipotente.
Aquí no hay más que *juerga*. Na-
die llora la caída de los *boers* en
Pretoria, ni la iniquidad interna-
cional de la China....

--Aquí—decía alguien—no se
quiere estar triste....

Y mientras Budha celebra sus
tratos con Cristo, los hombres se
santifican á tiro limpio. . . .

Pero el día tiene horas sinceras,
en que, al pensar en el *nacionalis-
mo* de Africa y Asia que sucumbe,
se siente una gran tristeza, y se
piensa en un porvenir monótono
y cruel que tiene colores difusos
de agonía.........

¡La tarde! Y que hermosa es la
tarde en París!

Inclinada sobre la noche, ostenta brillos misteriosos, murmura cánticos ignorados: suspira, á veces llora. Va creciendo el tragín de las gentes, y el tráfico de coches desespera. ¡Oh, la tarde! Tal parece que la vida se detiene un instante, como asustada y recelosa: medita, avanza. Es la hora sin orgía, hora de virginidad en que es santa la *cocotte*......... Muere el sol y sus funerales se respetan en París... Hora en que descansarán también los pobres *boxers*, que luchan para consuelo del Transvaal heróico......

(Junio 15, 1900.)

EL PROBLEMA
NACIONAL

Ningún libro moderno ha producido los efectos que la novela última de Emilio Zola. Se vé en los centros principales de la sociedad parisiense, en el espíritu de la prensa, en el semblante de los transeuntes. Nada produce tanta emoción en el Boulevard como la presencia de una dama en estado interesante: se la mira con respeto, se le abre paso con exquisita cortesía, se le observan los modales, las facciones y muchos—patriotas de cuerpo entero—la bendicen con toda el alma.

De ahí que la mayor de las elegancias femeninas consiste en ir á la Exposición con tamaño vientre rodeada de seis ó siete chi· quillos; virtud que, desde luego, se anticipa á la obra magistral del novelista. Hay mujeres que abullan su cuerpo amarrándose una almohada á la cintura, y no salen á la calle sin llevarse los chicos del vecindario.

Esta tendencia moralizadora se acentúa más cada día, y trae consigo no pocos abusos que bueno es anotar. Los caballeros se dedi-

can en pleno arroyo á besar á las
que pasan.

—¡Atrevido!

—Calle usted *Mademoisselle*, ca-
lle usted. ¡Lo hago por patriotis-
mo!

Y el patriotismo permite á las
señoritas atarse con *cuerdos de co-
quetería*, como las mujeres consa-
gradas á Venus.

Ceñidos los cuerpos, húmedos
los ojos, ligeramente plegados los
labios, miles de *Mademoisselles* re-
suelven el *problema nacional* sen-
tadas en los grandes cafés, y que-
mando perfumes ofrodisiacos......

¡La patria se salva!

No hay cedros ni lentiscos, que
cubran el misterio con la sombra
de sus hojas, pero hay casas dia-

bólicas y escondrijos que habrán
de producir la propagación de la
especie. El *problema nacional* son-
riendo en el palmito alegre de las
cocottes, planteado en la obscuridad
que acentúa la cortina roja de la
alcoba *ad hoc*.....: ¡de cuerpo pre-
sente, en los vientres que lucen
muchas *Madames* que pasean el
rebaño por la *rue de París!* ....

***

Un periodista famoso, reunió
hace pocas semanas á un grupo
de amigos con objeto de leerles
un proyecto de ley que pensaba
publicar. Los amigos del periodis-
ta oyeron con paciencia estas fra-
ses dignas de mejor suerte:

—Amados compañeros: los chinos, en estado *tártaro* aún, se revuelven contra la Europa: la vieja civilización de la Edad Absurda, se revuelve contra la época de la Ciencia y el Cristianismo. Funda su derecho en el número, y es su Código la Naturaleza...... Ahí tenéis pues, amados compañeros, cuatrocientos millones de almas, capaces de poblar otro planeta, fortalecidas por la *fecundidad*, en el mantenimierto de sus brutales costumbres, sellando con el amor sano la tradición abrumadora.

Francia se aniquila, y perece, como un pueblo inferior al Celeste. Lo habéis leído todos en la última novela de Zola; lo habéis advertido todos en la estadística elocuente de nacimientos.... Yo creo por eso, amados compañeros, que es preciso buscar remedio á nuestra consunción, remedio á la escasez de franceses del porvenir....... A ese efecto, os consulto el siguiente

PROYECTO DE LEY PARA LA REPRODUCCION DE LA ESPECIE

I.—Todo francés tiene el deber de casarse antes de cumplir los 25 años.

II.—Todo matrimonio francés que á los ocho años de celebrada la boda no tenga cinco hijos, será condenado á otros tantos años de prisión.

III.—Las solteronas serán condenadas á cadena perpétua y los solterones á muerte.

IV.—Para evitar abusos, y que los padres no sean engañados, la policía tiene el derecho de registrar y detener á las mujeres que lleven polizón por delante.

* * *

Pero no, el autor del *Proyeçto* era un respetable bruto que, desde luego, tuvo la desaprobación de sus amigos. En cambio, un Senador ha propuesto que se le dé una condecoración de honor á los padres de seis hijos, y la condonación para aquellos de algunos impuestos.

El asunto, sin embargo, tomará mayores proporciones. Los franceses no pueden hacer ahora nada sin su correspondiente *Congresito* y ya verán ustedes como en el que este asunto merece hemos de presenciar cosas extraordinarias.

Requiere estas medidas el patriotismo y la consolidación del progreso humano. Este pueblo que se halla en plena decadencia, necesita algo que le avive y la reponga. El estudio, la meditación, el trabajo, le cansa. Vive de las agitaciones nerviosas y padece las enfermedades que le envían Ibsen y Tolstoi en sus obras extravagantes. No se conforma á salir de sus pantomimas, porque le fastidia todo lo verdaderamente sério. Ríe siniestramente en el *Chatelet* viendo la *Poudre de Perlinpinpin*, exhibición simbólica de porcelanas,

obra neurótica que manifiesta el
agitado sueño de una raza loca...
Y los patriotas, al resolver el pro-
blema imponiendo la *fecundidad*
como deber constitucional, calma-
rán los nervios que desequilibra
el *fraude*, y lograrán que los fran-
ceses lleguen á ser tantos como
los chinos......

(Junio 30)

RESPLANDORES

RESPLANDORES

Frecuentemente me veo asaltado por la siguiente pregunta:

—¿Es usted periodista?

Vacilo. Pero un poco de amor propio y otro poco de decoro me impiden negarlo como fuera mi deseo.

No hay periodista malo por esos mundos de Sur América que no venga á la Exposición á suscri-

bir artículos multicolores. París
les resulta una cascada de pedan-
tería en donde recojen grandes
cántaros de *líquido*. Y el pudor
se vá al Diablo, que en América
no hay título más fácil de con-
quistar que el de periodista cuan-
do se ha visitado París.

Hay quien llega, y del tren se
vá á la torre Eiffel á tomar café
con tostadas y á escribir al pueblo
en una tarjeta postal con la torre
pintadita á capricho:

"Cachita mía: ya ves, entro en
Paris por la torre Eiffel. Aún no
me he apeado. A estas alturas
me acuerdo de tí. Esto tiene
mucho mérito y te probará mi
amor."

Apeado *el héroe* resulta que la

Exposición no le gusta. "Mire usted, yo creí que esto era otra cosa." Y en el acto al cable:

"Director *El Avejorro.*—Guatepeor.—Exposición un fracaso."

La imbecilidad de alguno ha llegado á más aún. Cierto negro que vive por Montmartre, y á quien nadie hace maldito caso, ha hecho más que eso, ha pedido un incendio en las barracas......
Acaso sería el único medio de que su pluma diera algo no vulgar. ¡Un incendio en las barracas!

Este negro es amigo de Cuba y uno de los que escriben desde París á *El Fígaro* de la Habana. Su nombre ya lo saben mis lectores. Usa lentes. Alguien dice

que de niño le tiraron de un bal-
cón, quedándole la boca y la na-
ríz en tal estado que semejan un
mapa de la patria—Guatemala—
un mapa de bulto que piensan
adoptar allá *en el Instituto de sor-
do mudos!*

De sujeto así, sólo se compren-
de que diera tan erradas noticias
á *El Fígaro*, de la Exposición—
que no conoce.—Bueno es tener
en cuenta, que muchos cronistas
de oficio asisten al Certamen á
través de los espejuelos de un to-
mo de Hachette & Cie.

La razón es clara. En París no
puede moverse nadie sin la bolsa
llena de franquitos. Tenga usted
francos y verá con qué *franqueza*
se le trata. El negro guatemalte-

co lo ha experimentado así con grande indignación; y no sabría jota de lo que pasa más allá de la *Puerta Monumental* si los que representamos aquí á Cuba no lo hubiéramos *obsequiado* con una carta de libre tránsito.

El negro ahora no sale de la Exposición. Por donde quiera que usted vá se lo tropieza. Ayer, sin ir más lejos, lo ví en el Campo de Marte. Una andaluza que pasaba con su esposo, en aquel momento, le miró con sorpresa. El negro se creyó que se trataba de una conquista.

—¡Vámonos, hijo!—exclamó la andaluza.— Te has *equivocao*. Esto es el *Jardín de Aclimatación*.

Pero en donde el sujeto se lle-

vó el gran susto fué en el *Palais
de l' Optique.* No le querían de-
jar pasar. Aquél día carecía aún
de su carta de libre tránsito.

—Pero ¿ni por ser guatemalte-
co y periodista me rebajan uste-
des el precio de entrada?

Se pagan dos francos. Los ne-
gros suelen pagar hasta diez. El
héroe consiguió que *se lo dejaran*
en un franco. Más como quiera
que este franco fuera al crédito,
le echaron de cabeza al Sena, en
donde á poco se ahoga.

Ahí tienen los lectores de *La
Nación* explicada la conducta del
periodista, sus críticas desbara-
justadas, el desprecio que le ins-
pira todo.

El, sin embargo, le confesó hace poco á Gómez Carrillo que, como racista, odia á los franceses por el recuerdo que tiene de Taussaint L' Overture.

Gómez Carrillo, que es generoso y que cobra un buen sueldo de *El Liberal* de Madrid, le dió el franco para el *Palais de l' Optique.*

—Acepto el franco—exclama el negro—para tomarme una copa de cerveza y comprarme una vela. Al Palacio no puedo ir.

Gómez Carrillo se asombra.

—Allí hay mucha luz, y las gentes me burlan el mapa de bulto que llevo en las narices......

—¡Ah!—piensa un colega:—la noche es tu cómplice: ¡ya comprendo! A tí te viene bien aquello de que de noche todos los gatos son pardos......Y tú prefieres ser gato......

El *Palais de l' Optique* es una mezcla de lo vulgar con lo grandioso. Situado á la vera de la torre Eiffel, ostenta un gran pórtico decorado de un modo particular: figuras mitológicas más ó menos artísticas que se pasean salvando signos del Zodiaco á modo de dibujo llamativo para la portada de un libro de Flammarion. Y bien que vale la pena de pensar en Flammarion cuando se penetra en el *Palais de l' Optique!* Al visitar sus departamentos parecíame hojear los restos de una obra del gran astrónomo...... lo que, dicho sea con verdad, equivale á declarar que el *Palais de l' Optique* carece, en su aspecto de libro, de muchas y muy principales páginas.

No, no se trata de ver la luna á un metro, como afirma el corresponsal de *El Fígaro*. Hay algo más. Hay mucho más. El edificio tiene en el centro una galería amplia en donde descansa un aparato de 40 toneladas, un coloso de las exploraciones celestes que nos pone la luna...... á la vuelta de la esquina.

El *Palais de l' Optique* es un panorama divertido, en donde se pueden pasar largas horas de observación, que se presta á la profundidad de los estudiosos y especialistas. He seguido todo un curso maravilloso de microbios, gracias al que me propongo, el día de mi regreso á Cuba, pedir una cátedra de la Universidad. He sufrido, porque se sufre mucho en el laberinto de hermosas experiencias de electricidad radiante... Y he bajado, en calma, á las profundidades del Océano, y he registrado un mundo mojado lleno de chozas, rico en su flora, donde habita la sirena ardiente de los soñadores......

Salí del *Palais de l' Optique* como quien sale del Universo para entrar en la taberna de un barrio de Madrid; salí de aquel edificio original y raro, como quien pierde el privilegio de ir de un mundo á otro, en el palo de una escoba, como quien se ausenta del rico salón cósmico, en donde bailan con decencia los mundos jóvenes y mantienen fascinadora luminaria los astros inmortales....

Hago estación en el Campo de Marte, convencido de que estoy en el mundo real, en el mundo de las mentiras...... y sólo veo, tristemente, los resplandores lejanos que orlan el *Palais de l' Optique*.... hundido entre las sombras de la vida que no disipan el ingenio y la gracia parisiense.

(Julio 3).

EL 14 DE JULIO

EL 14 DE JULIO

—————

....

El gran suceso de la mañana ... de Mulhouse que, ... del pueblo soberano, ... sus negros trajes de luto por ... Francia. Lleva-ban su correspondiente corona pa-ra la estatua de Strasburgo.

—Viva la Francia. ¡Vive L'armée!

Y la corona iba a colgar en ... A ... es esto, que me ... gran simpatía por el ... de Francia. El pueblo que ... es grande. El pueblo que no busca venganzas para el ... es grande......

A ... no se quitara jamás ... la maldición francesa. Si ... se oye en todos los ruidos, se vé en todas las artes. El chico aprende, de rodillas sobre la almohada, entre un Padre Nuestro y un Ave María, la *revancha......* *¡la revancha!*

Pero yo no creo en tal *revancha.* Mientras Alemania sube la cuesta del progreso, Francia baja al abismo de la neurósis. No es posible la lucha. Los franceses cometen el crimen de ahogar la *revancha* en la orgía eterna, en el deslumbramiento doloroso de su frivolidad divina, en la degeneración y el escepticismo. No es posible la lucha. Alemania robustecida por el trabajo y el orden, mantiene su Ejército de honor, como lo hizo el gran Canciller, el gran Apostol, en cuya piel se cristalizaba el

EL 14 DE JULIO

tua del sargento Babillot, heroe de Tuyen Quan. ¡Lágrimas por todas partes! La pena, la alegría, todo á un tiempo, bajo la misma fecha, congregadas en un solo día y en un solo entusiasmo.

Flores..... flores..... muchas flo res.

Cumplimientos para Juana de Arco, para Washington...... ¡y un poco de *juerga* casi andaluza en plena plaza de las Pirámides!....

Mucha gente tenía miedo á las gracias anarquistas, á una bomba no ha mucho sorprendida en la Exposición y denunciada por Rochefort, que viniera á rompernos el alma al són de un *¡Viva la República!* equivalente á un *¡Viva la Muerte!......*

Yo era de los que tenía miedo: soy muy franco y lo confieso. No me excusé de ningún espectáculo decente, sin embargo.........

En lujuria de manifestaciones, descollaron los socialistas y nacionalistas. Fueron dis retos al punto de no causar pánico en las masas. Hacían hasta cierto punto algo inocente á estilo del Marqués de Cabriñana en Madrid.

Grupos numerosos por Longchamps que jugaban á socialistas...... Devotos de *L'Intransigeant* que cantaban himnos bravucones.......

Por la *cascada*, oíase entre la

algazara de los socialistas, el grito tendido de:

—¡Vivent les soldats!

Pero los grupos se dispersaron porque venía S. M. Loubet, el Presidente de la República. Pasó el Presidente Real, y los Jefes de grupos, que escandalizan en nombre de sus partidos, lanzan retos á los Jefes del Orden Público y van á pagar sus mojicones en la cárcel. Había muchos de ellos que no sabiendo título que apropiarse, se declaraban parientes de Drumont ó lectores de *La Libre Parole*.........

Nacionalistas y socialistas plantaron su pabellón, al fin, en la *cascada*. El General Jamont, héroe del momento, autor de cartas y protestas, ilustre émulo del Ejército, objeto de subscripciones populares, sacó algunos vivas......

El calor era sofocante. Las pasiones sofocaban también á los franceses......

A mí me sofocaba el fastidio y el abatimiento. Me excusé de la revista militar. La prensa declara que fué grandiosa. La tumba de Napoleón se estremecía en su agujero de los *Inválidos*...... ¡Tambien él se excusó de ir á la revista!.........

Eramos un grupo de camaradas, en el Bosque de Boulogne. Paseamos en bote: charlamos de Cuba. Nos dimos una cita en

Punta Brava para festejar la República...... Y á las diez de la noche el gentío popular nos daba apretones en la plaza de la Concordia, á donde fuimos á ver los fuegos artificiales.

Los franceses son los genios de la luz. La divinizan. París era una fogata celeste, indescriptible. A gran distancia, la torre Eiffel, como una canastilla de mimbres encendidos, miraba al arco de Triunfo que parecía medio tristón, con unas luces raras que le daban aire de provinciano á quien se le cae la baba, una baba de farolillos verdes...... consternado tal vez, ante la luminaria de la Exposición cuyo aspecto dejaba atónito á cualquiera......

—Luz...... luz, mucha luz.

En los teatros la entrada gratis. Por todos los rincones de París un baile, en todas las plazas una tribuna y una murga que tararea la *Marsellesa.*

¡Qué buen modo de celebrar una gran idea y un gran aniversario!

Las calles son azotadas por el galopar de los caballos, en su tarea involuntaria de arrastrar coches. El pueblo se echa al medio, marcha como en campaña, como si fuera la muchedumbre de *boxers* de París que se dirije al palacio de los Ministros.

La luminaria es inmensa. Las banderas mezcladas. Solo en el *Café Inglés* descubro una bandera de Cuba, al resplandor de muchos fuegos, viva, muy viva, con su estrella y sus franjas...... en el concierto de muchas otras bande-ras de muchos otros países.

En prueba de gratitud tomo cerveza en el *Café Inglés*. Pago. Doy propina. Abrazo al *garçon* que me coje miedo.

Salgo y atravieso París. La lu-minaria sigue...... París no tiene fin.

—Luz... luz... mucha luz.

Y terminaron los fuegos artifi-ciales y la noche continuó como de costumbre. Mucha *cocotte*, mu-cha borrachera......

En el *Olympia* fué el último su-ceso con que se celebró el 14 de Julio.

El Boulevard descansaba. Algunas *Madames*, sin hogar, fueron expulsadas de la *taverna del Olympia*......

Una de ellas se puso en cueros y comenzó á bailar la danza del vientre en medio del arroyo.

Vióla un cochero bastante mal parecido, agarrola con fuerza por las piernas y echándola sobre el coche, corrió ligero, dando este grito con voz cascada de borracho:

— *¡Vive la Republique!*

EL BOULEVARD

EL BOULEVARD

La humanidad es realmente idiota. El convencimiento, pleno de esta afirmación me tiene en abierta pugna con todo lo que me rodea. Y París es una prueba concluyente de lo poco que valemos los hombres, *en colectividad.* Venimos de muy lejos, con pretextos diversos; quién al Certámen Internacional; quién á hacer el oso en los Hospitales; quién á cumplir un deber de disciplina periodística. Pero todo eso es falso, y ajeno al verdadero propósito que nos anima. La humanidad viene á París á algo menos que todo eso, á algo más pueril é inútil: á darse un paseo por el Boulevard, entre perfumes y luces.

Por mi parte, odio, con el odio santo consagrado por el autor de *Mis Odios*, al bendito Boulevard. Lo atravieso por pura necesidad, obligado por lo irregular de esta capital volcán. Cuando voy por sus aceras y me codeo con los amantes de Montmartre, huyo y hago mis filosofías de poeta hambriento.

Llega á París el imberbe estu-

diante, desde remotas tierras, fas-
cinado por lo que presiente, por
lo que tiene, en sonidos, más har-
monía que en colores...... Hundi-
do luego en el mar sin fondo del
Boulevard, se ahoga pronto. Si la
víctima es poeta, estalla en explo-
sión lujuriosa de intelectualidad.
Si profano del arte muere aturdi-
do por las voces que se le antojan
incoherentes, perdida la sangre y
perdido el amor en el vicio brutal,
en el ensañamiento de la carne á
la intemperie......

El Boulevard tiene la ferocidad
de lo insaciable. Adora en el lodo
y en la joya: es ateo y místico.
Tiene todos los colores, todas las
músicas, todas las inspiraciones.
Van y vienen el pintor, el poeta,

....

el musico: ni se conocen ni se es-
timan caso de conocerse

*
* *

Yo veo...... y observo. Hay en
París una verdadera invasión de
sudamericanos, motivo por el que
nuestro idioma se zarandea impú-
dicamente por todas partes.

Un viejo chileno de patillas bra-
sileras y cuello argentino, estira-
dos y semejantes la corbata y el
bigote, llega al Boulevard des
Capucines, y hace de gendarme en
mitad del arroyo. Parece una es-
tatua de chocolate y crema.

Mira hacia todas partes, en to-
das direcciones y sus ojos adquie-
ren un brillo especial.

—Aquí vengo á enterarme de
que no estoy tan viejo como dicen
—reflexiona... y se echa á nadar
entre olas de mujeres bonitas.

No tarda mucho en sentirse
poeta y dejarse crecer la melena.

Mujeres bonitas!...... ¡Vaya que
si las hay en París! y todas ellas
van al Boulevard, con el refina-
miento de sus sombreros y dulce-
mente presas entre tiranuelos tra-
jes de seda......

- ¡Qué linda mujer aquélla, la
del lunar! ¡Misterios de la Natu-
raleza—exclama perorando á un
grupo de paisanos:—¡haber escu-
pido sobre aquella carita de por-
celana después de tomar el café!

La del lunar, sin embargo, vale
menos que aquella gorda, de es-

pléndidas caderas, que ha dejado
caer sobre la frente un crespo á
modo de interrogación. Y ésta va-
le menos, á su vez, que la rubia, la
pálida, que va de prisa, que se le-
vanta el traje á la altura de la ro-
dilla, y luce unas botitas muy finas
de piel roja......

El tiempo se vá. Llega la hora
de las estrellas; el retozo de los
astros electriza y el buen chileno
suda como un bárbaro porque,
ignorante de la lengua francesa,
no le entienden sus audaces piro-
pos......

Frecuentemente los que se ven
en el caso del chileno, sufren de
horribles melancolías, sienten de-

vorado su corazón por un amor borrascoso de lunares y botitas finas de piel roja .....

Don Serapio, que así se llamaba el héroe, solo, en su cuarto del *Grand Hotel*, con los recuerdos, los remordimientos y las ilusiones danzando en su cerebro, llora á lágrima viva su desdicha ..... desdicha indefinible.

Está enfermo de ese mal que llamaremos, con perdón de los castizos, *boulevarditis*......

Una noche se resuelve á tomar un preservativo enérgico contra los abscesos de su epiléptica enfermedad.

Y se cuela en el *Olympia*.

Expiraba la función. Algunos espectadores tomaban el buen

partido de marcharse; las señoras
de los palcos, sin quitar la vista
del escenario, echábanse á la es-
palda sus abrigos: era el instante
preciso en que hacen tortas la
curiosidad y la impaciencia......

Pierrot hace piruetas. La her-
mosa Nocton hace de general ves-
tida de *maya*, como si los genera-
les asistieran en cueros al cuartel ..
Son las últimas maniobras de la
pantomima, y repercuten las últi-
mas carcajadas de *Pierrot*, un *Pie-
rrot* triste, feo, obligado á ser gra-
cioso en el *género chico*, esteril y
sobrio, que domina en París......

Los colores brillantes, acaso
exagerados del *Olympia*, antójan-
sele á don Serapio obscuros y mo-
ribundos. Siente correr, además,

por la sala, una mezcla sarcástica
de alegría y amargura......y la ola
de chicas guapas—invasión del
Boulevard—que va de un lado á
otro, apagándose, en notas vibran-
tes de música festiva, el roce de
muchas sedas con la alfombra. ....

Don Serapio, perseguido, ase-
diado por el Boulevard, intenta
salir. El público del *Olympia* se
echaba precipitadamente al arro-
yo, obligando al enfermo á dete-
nerse.

Hacia el escenario, empezaban
á caer las sombras: la tristeza de
la soledad que se esparce por los
palcos y toma asiento en las lune-
tas...... ¡Ah, qué filosófica ternura
abrió á la vida normal el espíritu
enfermo de don Serapio, ante

aquel público que se le antojó cri-
minal más que ingrato; aquel pú-
blico del que nadie se quedaba, ni
por el más leve sentimiento de
caridad, á hacerle compañía á los
dorados de la sala, sepultados ya,
en inmensos copos de noche!......

(Abril, 1900 .

A TRAVES
DE LA EXPOSICION
DE 1900

A TRAVES
DE LA EXPOSICION

DE 1900

(REMINISCENCIAS DE PARIS)

Al caer, como por encanto, en la Plaza de la Concordia, una fuerza poderosa de admiración sincera lleva nuestra vista al Campo de Marte, al rico panorama de cúpulas de oro y torres de marfil. Altivo, alumbra el sol, y enaltécense al reflejo de sus rayos, enor-

mes columnas de soberana belleza:
radiantes y elocuentes, soberbias,
al resplandor del día; melancólicas,
mudas... á la sombra misteriosa
de la noche... Divísase un con-
junto abrumador de colores, una
diversidad exótica de perfiles, y
vénse, allá, lejos, en el fondo del
paisaje, perdidas en el espacio
azul, con caractéres indelebles, for-
mas vivas... tal vez soñadas, de
Ideales que se cumplen, en divina
complicidad con la Naturaleza.
Acuden á la mente recuerdos leja-
nos de paisajes reales, y siéntese
irresistible amor al Arte de Ruis-
dael que levanta el molino triste,
de rústico pedestal, sobre las már-
genes verdosas del Rhin...... y té-
mense descubrir entre brumas que

no existen, agonías ó tempestades del genio lúgubre de Dyck....

No... no es eso lo que se ofrece á la vista del espectador curioso; no corren, por entre las arboledas del bosque, diosas gentiles, ninfas de amor que manchan con luces olímpicas las secas producciones de la arquitectura moderna; no se yerguen orgullosas, entre fuegos infernales, magestades de marmol, que adormecen en estática contemplación... No: son esferas de superficies fosforescentes, estátuas de líneas duras que acusan el buril que con santa devoción elaboró... y un mundo de palacios encantados que se riega en desorden á las orillas históricas del Sena.

La exaltación del panorama la

llevamos todos desde antes de llegar á París. Forjamos en el cerebro un París á nuestro gusto. Percibimos, en un París sobrenatural, perfumes que no existen, y buscamos sensaciones falsas. La perspectiva que desde lejos nos presenta la Exposición, es un poema que se renueva en almas de artistas... y cuando nos acercamos á la Puerta Monumental y asoma, temerosa, la duda al corazón, decae el espíritu, tranquilízanse los nervios, y con relativa indiferencia nos detenemos ante aquellos arcos grandes, fríos—con la frialdad del rosa,—ligeramente taladrados por listas doradas—que sostienen una figura al parecer de obispo, y à distancia relativa de estatuas vulgares que elevan aladas varillas de nieve...

La Puerta Monumental no es una obra maravillosa como anunciaban los escritores franceses. Carece del tono especial que caracteriza lo genuinamente parisiense; no guarda relación, en belleza ni en estilo, con los grandes monumentos qúe se ostentan en la Exposición..... y tal parece una muestra grotesca del alarde vanidoso con que París ha querido mostrar á la humanidad su Arte enfermo, y su Genio insondable.

No hay, en la Puerta Monumental un detalle suave—esa suavidad encantadora que inmortaliza toda creación verdaderamente grande. Y allá, muy alta, demasiado alta, la *Parisienne* de Moreau-Vauthier, y las dos estatuas de Bellery-Fontaine—homenaje á la electricidad—se ven hasta cierto punto desairadas, muy solas, arrepentidas, deseosas, tal vez, de hallarse nuevamente al nivel de los mortales.

La Exposición es inmensa, la Exposición es otro mundo... Son muchos los jardines... son muchas las flores... son muchas las tentaciones. Verla en orden, obedeciendo á un plan, no perdiendo un solo rincón, es obra difícil, obra de los que quieren abarcar en su cerebro toda la sabiduría de la vida. Yo confieso honradamente que no sacrifiqué á la enseñanza de cada punto la diversión de la miscelánea... y estoy por creer que solo aquellos en quienes el interés peculiar de un análisis ordena la calma y la templanza, recorren, de dia en dia, objeto por objeto. No pueden, además, en mi sentir, ofrecer sensaciones semejantes los espectáculos diversos, la vista del *Petit Palais* y la del *Pavillon Schneider*, la *Exposition Centennale* y el viaje imaginario de Rusia á China.

Tenemos que ir, forzosamente, en pos de nuestras aficiones. Pasamos días, semanas...... meses, en el *Grand Palais*, si nó admirando la muestra mayor, la más grande del arte, al menos haciendo la comparación de todos los estilos, y la historia de todas las escuelas.

La vista se pierde, y precisa sobreponerse á la vaguedad con que miramos el conjunto. En el deleite de alguna construcción rara, es facil divagar sin rumbo y concluir por sorprendernos con los ojos fijos—sin intervención de la voluntad—en el armatoste de hierro que se llama torre Eiffel, susceptible á todos los juicios, á las más contradictorias apreciaciones, hermosa á ratos, fea, imbécil, cuando se nos antoja verla bajo el sugestivo recuerdo de Guy de Mauppassant. El poeta odiaba la torre Eiffel.

No hay en esta Exposición detalles de tal mérito que resistan á los embates del tiempo. Todo lo verdaderamente notable es colec-

tivo. Reflejo digno de la época,
sella las tendencias de una gene-
ración poco intelectual. Supera la
manufactura á las creaciones ar-
tísticas. Hay una maravillosa
prueba de progreso en los pabello-
nes de todas las industrias, que
palidece el esfuerzo que represen-
tan las exhibiciones de otro géne-
ro. La arquitectura vence á la
pintura; la poesía de la naturaleza,
muere, en muchos detalles, á ma-
nos del artesano... y no contra-
rrestan esa gran potencia de mani-
fiesto, los simbolismos extrava-
gantes, las escuelas convencional-
mente originales á que se dan, con
desesperación, los finos parisien-
ses.

Compruébase, todo esto, dando

un paseo por el Trocadero en don-
de los hijos del Celeste Imperio
dan á conocer, en pequeños pabe-
llones, un océano de baratijas, en
donde las construcciones Indo-
Chinas, sin el cultivo de genera-
ciones fecundas que improvisen,
remedan los viejos estilos adapta-
dos á las conveniencias contempo-
ráneas. Y sólo hallo, al subir una
cuesta, donde es fatigante llegar,
un palacio pequeño, blanco como
una paloma, triste, que revela una
labor interesante de pueblo joven,
enmudecido por hondas desven-
turas: el pabellón del Transvaal
con su choza *boer*, de amplio techo
sobre gruesas y pequeñas paredes
de piedra.

Para los que visitan la Exposición, no es esto lo que despierta mayor curiosidad. Los más, atra-viesan el Sena, para gozar del es-pectáculo admirable de las nacio-nes plantadas, con orgullo, en fila. Italia, espléndida, afectando la forma de una inmensa catedral, con sus filigranas de arte gótico ó estilo Renacimiento. Turquía, pre-sentando la sobriedad de la arqui-tectura oriental, cómo la obra de un pueblo medio muerto...... Los Estados Unidos, á la derecha de Turquía, remedando el capitolio. Austria, con su palacio propio de Casa Consistorial...... y más allá Persia, caracterizando en su pe-queñez los hábitos de su raza: Bél-gica, Luxemburgo, Noruega, Es-paña, Grecia, Monaco...... y de-

tiénense, absortos, los amantes
del *Byzantinismo*, ante el pórtico
de Finlandia.

Quien diera esta vuelta, en un
vaporcito excursionista, habría de
reconocer que la Exposición es
magnífica. Siéntese el alma sobre-
cogida y pasan por la mente mu-
chas sombras que mueren fuera
ya de la Exposición, en donde el
Sena es más ancho y el horizonte
más hermoso, y se tiende, sobre el
valle inmenso, el cesped risueño...
Pero el vaporcillo regresa. Desem-
barcamos en la villa suiza, des-
cansamos á orillas del río, á la
falda de una montaña, próximos
á una arboleda, que casi cubre al-
gunas casas de frágil construcción.

Altas, fornidas, con sus ojos

negros, orlados por gruesas pesta-
ñas, sobre la penumbra de sus
ojeras, ceñido á la cintura el de-
lantal de caprichosos colores, van
y vienen, y se echan sobre el mus-
go, mujeres típicas de la Suiza li-
bre y dichosa. Ellas llevan nues-
tro pensamiento á la patria, lejana
y abatida! La villa suiza es lo más
melancólico que he visto en la Ex-
posición. Excursiones de poetas
melenudos asisten á ella con fre-
cuencia; conságranle sus versos,
miles de neuróticos que ambicio-
nan la vida de la Naturaleza: dis-
pónense muchos románticos, de
los que aún quedan, á consagrar
en ella el poema de sus amores!...

***

Apesar del imperialismo de la Industria en la Exposición, se advierte un espíritu superficial que, en cierto modo, es uno de los atractivos que seducen á la mayoría. La música exótica, el baile oriental se oye ..... se vé en todas partes. Los franceses aman la diversión sobre todas las cosas. Prefieren reir á estarse serios, las carcajadas de la holganza á las meditaciones del trabajo mental. Y á todas partes llevan su entretenimiento, el espectáculo breve, ligero, suave, sin emociones, con gracia. Allí lo podemos ver, en la *rue de Paris* ribeteada de teatritos pequeños, en que ganan el pan algunos poetas con detrimento de sus obras, algunos músicos con detrimento de la harmonía. Es ese el lugar escogido por el París elegante para substraerse á todo lo que trasciende. A un extremo de la Exposición, apenas se divisa, desde la *rue de Paris*, el *Palacio de la óptica*, sorprendente, el rico pabellón de la electricidad...... ¡y tantos otros!

La música es alegre y el corazón se ensancha. El baile es alegre y la voluptuosidad proporciona grandes placeres. El *Palacio de la Danza* es por eso uno de los lugares favoritos. No lo es por cierto para los que saben ver en la vida algo más hondo, ó para los que en cualquier manifestación del arte, buscan la belleza y el perfeccionamiento. La historia del baile es poco interesante. El baile, en sí, al modo de cualquiera época, es igual siempre, y para mí, insoportable......

Prefiero, á eso, las tumbas Egipcias, aunque las hicieran de trapo, malamente pintadas por toscos pinceles. ¡Momias egipcias traídas para encanto del mundo europeo, sobre aparentes lozas que tiemblan, al colarse, entre las costuras, el friecillo de la humedad eternal!...... En mi sentir se ha faltado al respeto de los muertos egipcios, y se ha hecho, de algo imponente, una caricatura monstruosa.

En este atravesar países sin cuento en breves minutos, y asistir á diversas fiestas de razas distintas, nada para nosotros, los

hijos de Cuba, como hacer escala
con frecuencia en los corredores
del Palacio del Trocadero, más
allá de Groelandia, antes de llegar
al Congo Austriaco, en un pabe-
llón en que los oriflamas de colo-
res vivos y una alegoría del traba-
jo, que expresa la nueva vida de
un pueblo heróico, nos indica que
estamos en Cuba.

Y Cuba jamás ha sido represen-
tada en alguna Exposición como
esta vez. Su sección relativamente
ámplia—menos de lo que nos fue-
ra preciso—acudiendo con ejem-
plares, más ó menos ricos, de to-
das las industrias y de todas las
artes, al concurso de las naciones,
fué para los que le visitaron un
asombro. Aquel país arrasado por

no declarar esta verdad que es evidente? Quesada dedicó al éxito de Cuba, en París, todas sus energías y todas sus influencias. Ati-

nado en el desenvolvimiento de
su plan, fuímos uno de los países
de la América española en que la
representación fué completa y la
recompensa grande.

Llegamos los cubanos á Paris
sin miedo á un fracaso que no era
difícil. Perseguíamos solamente
el ser respetados como un pueblo
inteligente y laborioso. Y bien
pronto, un triunfo en arte, primero
que ha obtenido Cuba, vino á dar-
nos aliento y á aumentar nuestras
aspiraciones legítimas al éxito.

Un cuadro, presentado modes-
tamente por un pintor cubano—
Leopoldo Romañach—que no ha.
lló lugar en el Palacio de Bellas
Artes, y que, confundido con exhi-
biciones de género muy distinto,

perdía importancia; un cuadro sencillo, pero hermosísimo, en el que se ve la mano de artista de alma superior, atrajo la atención de cuantos nos visitaban; y comentados sus méritos, discutidas sus bellezas, los artistas franceses que componían el jurado de pintura, fueron á verle y á juzgarle: Romañach había vencido de la indiferencia que, para nosotros, extremaran los que creían á Cuba incapaz de sobresalir en tal sentido.

*

Imposible es, de todo punto, visitar con el lector en el espacio estrecho de un artículo, toda la Exposición. Pero es bueno mos-

trarle la gran feria, desde la canas-
tilla más alta de la torre Eiffel,
desde donde todo se ve pequeño.
París resulta una estampa, un cro-
mo sin límites. La Exposición un
juguete caprichoso, caro. Al caer
la tarde el espectáculo desaparece
y solo se divisan luces multicolo-
res, hundidas en una inmensidad
negra.

¡Ah, qué hermosas luces! El ar-
te de la luz, es sin duda parisiense.
La Exposición iluminada, es un
portento. Y á la gran altura á que
nos colocamos, la vemos fuera de
la realidad; nos parece que corren
las luces, que se agitan, que dis-
cuten y se separan...... como si á
una distancia enorme de la tierra,
divisáramos, no los hombres, sino

cansa y el viajero, al fin, se despi-
de para siempre de ella. Ha visto
cosas notables, que dejan huellas

profundas en su corazón; ha sentido palpitar la belleza del paisaje á tramos realmente bonito; ha visto correr el Sena, el Sena de los poetas, el Sena de los novelistas, el Sena de los suicidas...... ¡y el viajero vulgar se da por satisfecho!......

La Exposición ¿es grandiosa? Sí lo es! Abundante en defectos, desordenada en la distribución,—lo que hace más difícil la visita del extranjero,—es sin duda el Certamen que triunfa, en conjunto, por su belleza, en detalle, por el esfuerzo con que han acudido al llamamiento las naciones.

A ser posible, cada país llevaría á su pabellón no sólo las costumbres, el idioma...... sino la

mayor aún. Pero son más grandes
las sensaciones que experimentan,
en la gran ciudad, los que la atra-

viesan con loco delirio. Los bohe-
mios de Clichy, no van á la Ex-
posición; los poetas sinceros la
excomulgan: no ejerce influencia
alguna en la literatura. Las velei-
dades de la forma parisiense, los
escepticismos del artista francés,
ni se aumentan ni se agotan.

Y son curiosos, curiosísimos, los
juicios que forman los literatos de
la Exposición. Moreas, no cree
que tenga importancia alguna: en-
tregado á su poesía de matices
griegos, la desprecia hondamente.
Armand Silvestre, que gana algu-
nos cuartos con sus poemas, lle-
vados á la escena en un teatrito
de la *rue de Paris*, deplora que la
Exposición tenga fin...... ¡esa Ex-
posición que es la mayor de las

Murger. Rubén Darío es el único
que se somete á la realidad, que
ama el París de mañana tanto co-
mo el Paris de hoy...... Y la Ex-

posición, para él, es un manantial de ricas concepciones.

Llega al fin la hora del regreso. Y regresamos casi mudos...... Venimos á coincidir honradamente, y pasados breves días, en la idea de que hemos sido sugestionados, en la idea de que nuestro espíritu ha vivido en terrible excitación, el cerebro fascinado....... Volvemos la vista, en mirada retrospectiva: aparecen de nuevo las cúpulas fosforescentes, las torres de marfil, en peregrinación constante por los prados que baña el Sena...... ¡Ah! Es que en la vida todo avanza, todo se aleja, todo desaparece.........

LILI

LILI

—

Avidos de sensaciones violentas; rabiosos con la monótona igualdad de un día á otro día; desesperados de arrancar asunto á las más leves variaciones de la política; enterados de que Weyler amenaza y Dreyfus padece fiebres y los señores de la Haya pierden el tiempo...... un suceso, casi vulgar, pero no falto de interés, pone

ha huído y las tropas le persiguen indignadas...... ¡Como nó! Si el *ilustre* Cáceres hubiera matado á un literato empobrecido por la injusticia de los hombres, las tropas no se moverían de sus cuarteles. Alguna beata, en presencia del cadáver, hubiera rezado un Padrenuestro por el alma del difunto; y los doctores discutirían el triste deber de acercarse y examinar á corta distancia de las narices las heridas del literato:

—*Añangótese* usted, doctor ...

—No; usted primero, no le dé pena...

Y al divisar un pañuelo, el más resuelto hubiera dicho:

—*Jondléeme* usted *eso*—quien, al arrodillarse, incomunicaría sus fosas nasales con la atmósfera de un literato medio podrido.

Pero el asesino de un tirano debe llevar miles de soldados por

Don Lilí es innegable que tenía gran talento, y sobre todo, la intuición terrible de un perro de presa. Para él, Santo Domingo no pasaba de ser un despojo de Africa arrojado en el mar de las Antillas. Y africano fué en todos sus actos, y africano fué en todos sus gustos.

Como hombre de valor, su fama pasa al rango de la leyenda inverosímil. Y en cuanto á individuo típico de indomables resoluciones, no hay más que recordar cuando condujo al Secretario de la Guerra á un acorazado y le pegó cuatro tiros que lo pusieron de patas en el otro mundo.

Así como Carlos IX opinaba que "el ser clemente era crueldad," *Don* Lilí sentó el principio de que en estos tiempos no son nada saludables las virtudes del inmortal negro Taussaint L'Overture–aquel

Rueda la noticia, ufana se pasea por el orbe, y tropieza, á veces, con la glacial indiferencia de muchos que no sabían más de *Don Lilí* que el haber obsequiado con un rico puro á su hermano político al darle la nueva de que iría

al patíbulo con sus ultimas ceni-
zas;—ó con la sonrisa alegre de los
que, filosofando sobre la suerte de
los pueblos y sobre la suerte de
los que llevan la conciencia á mo-
do de maleta en donde guardan
las cabezas de sus víctimas, mur-
muran:

—¡Los tiranos van cayendo!

VICO

VICO

—

Nuestro público ha recibido con lamentable indiferencia al gran actor español Antonio Vico, tanto más inexplicable conducta, cuanto que no es costumbre, en nuestra escena, ver relámpagos de genio. Azotado el arte por el género chico de *Albisu*, maltratado por la deficiencia cómica de *Lara*, yo creí que Antonio Vico sería un éxito completo en *Tacón*. No ha sido

cales de *La Chavala*....... ¿Qué nos queda ya, para el espíritu?... Las recreaciones disonantes, que no conmueven y desesperan, de los malos versos patrióticos de *Cuba* (teatro) y los esparcimientos, ino-cencia inveterada, de los buenos gallegos que asoman la cabeza al escenario de *Alhambra!*

Llegó Antonio Vico en mala época, en el instante preciso en que el arte hastía y las gentes no gustan de padecer el ardor volcá-nico de los dramaturgos españo-les... Llegó Antonio Vico en mal momento, cuando el dinero es poco, y las gentes no derrochan las pesetas en ver cosas que no en-tienden... Y *Tacón*, sin público, Antonio Vico, sin admiradores, se desgajan de fastidio en las noches, calurosas aún, de Octubre inso-portable.

Tal parece que el arte dramáti-

yas aulas debemos discurrir gra-
ves problemas de la humanidad.
El teatro—dolorosa afirmación—
es sólo el circo á donde concurren
los que sufren y los que gozan, á
olvidar en un placer sutil, placeres
ó dolores habituales......

Están, pues, de sobra, en el mundo, los Vico y los Novelli, si se empeñan — vano empeño—en llevar al corazón los enormes desengaños de Yorik ó los abatimientos constantes de Hamlet......

Vico es, en mi concepto, un desengañado. Trabaja lo preciso para que la vida le sea fácil... ¡No sabe otra cosa y se conforma con el arte! El público, en su opinión, merece poco: no vale la pena darle cuanto le pide á gritos. Conoce, á maravilla, dos grandes efectos: uno que sube atronador..... otro, que apenas llega á determinadas butacas... Y el público, por benevolencia ó por no saber lo que se pesca, declara que el actor es una ruina..... ¡Derrúmbase, con él, lo

que restaba, en grandeza, al tea-
tro español!

Afónico, perezoso en su labor,
descuidado siempre, cumple á me-
dias los deberes que contrae anun-
ciándose pomposamente... Muere,
para el público de Madrid... ¡No
ha existido nunca para el público
de la Habana!... Y es una lástima.
Deplóranlo á diario los que sien-
ten la atracción inmensa de la poe-
sía dramática: deplóranlo ¡ay! mil
veces más, los poetas que se en-
tregan, forzosamente, á las veler-
dades de Antonio Vico.

Su proceso es conocido y curio-
só. Comienza la obra sin entusias-
mo, como si trabajara con disgus-
to, y por un exceso de complacen-
cia, á petición de amigos majaderos

ó pedantes incurables... El artista se queda en casa, pensando en la eternidad, y acude á la escena un actor de cuarta clase. Si en las fatigas del día, ó en las luchas de la empresa, hánse ejercitado activamente sus nervios.... el actor aprovecha en escena una oportunidad propicia, y repantigado en cómoda butaca, no se mueve ni para rezar devotamente alguna estrofa vibrante de Tirso. ¡El público se duerme! Pasan las horas, cae el telón con indolencia tropical, los actos se suceden... y si cabe en suerte al que le sigue atentamente, que el artista aparezca por el foro, tendrá un instante en que, con sorpresa, ve algo que no há de ver en lo que le resta de vida....

Coquelin se esconde del espectador, no ya bajo el disfraz apropiado, sino bajo una fisonomía distinta que improvisa un gesto original... Novelli, el magnífico actor italiano, se deja ver con más frecuencia en la escena. Vico permanece siempre ante el público. No le importa que le contemplen... y realiza, de vez en cuando, la hazaña, digna de un prestidigitador ideal, de transformarse, cuando menos se espera, y representar, por breves instantes, un personaje, no como el autor lo ha soñado... sino como debió soñarle.

Novelli tiene un gran talento... Vico es un genio. Pero Novelli valdrá más que el actor español, y su huella, en el mundo del arte, será más duradera. Novelli dá á sus creaciones un tono igual, en lo que es posible y es artístico. Novelli cree en su prestigio. Novelli cuida una reputación, y cumple, como bueno, con quien gasta su dinero en admirarle. En *Luis Onceno* tiene momentos en que el espectador se cree de patitas en la corte de Francia, pero toda su acción es buena, y todo su esfuerzo es notable.

Vico, en *Juan José*, espera al final del primer acto para mostrar sus geniales creaciones... Duerme el segundo acto... y en el tercero, suele crecer, por modo sorprendente, cuando mata á Paco y ahoga á Rosa.....

Novelli, en *Los Aparecidos* de

Ibsen,—en uno de los dramas mejores del filósofo noruego—consigue enmudecer al espectador, y le hace sentir, con la fuerza de su talento, los dolores de cruel enfermedad, los desvanecimientos de un cerebro que se pierde á la salida del sol.

Vico, en *El Gran Galeoto*, le toma el pelo al autor, se burla sin piedad de Juliana, y en instantes decisivos, por pura broma, semeja un pájaro que bate las alas y se muere al querer volar!

Para aquellos que sólo ven en Antonio Vico los rasgos admirables, las situaciones felices, no resiste con él, actor alguno, la comparación. Para el público que busca sensaciones constantes, y que no ve'con los ojos del cariño al actor *sui géneris*, es inferior á Thuiller. Porque la masa humana que va al teatro y saca la cuenta de los dineros y pone precio á los minutos, no perdona dos actos rezados por todas las magnificencias de la escena final.

No tiene ya remedio. Han caído los años sobre Vico, y háse viciado su ser artista...: Vive, hoy por hoy, del recuerdo de lo que fué; busca en países lejanos al suyo, un poco de oro, la resurrección imaginaria de su fama, que no existe. Con una mala compañía que no le secunda, y que cobra, probablemente, sueldos módicos, da tu bos por las Américas, el más ca a terizado actor de los que

sar al mundo real, salirse de su féretro, gritar muy alto....... pasa por la escena como una sombra, asusta á los que imaginan superarle...... y ríe y ríe mucho y sigue muerto.......

Octubre, 1900.

ARAMBURO

ARAMBURO

Si al leer, hace ya algunos meses, el estudio sobre la Avellaneda de mi querido amigo Mariano Aramburo y Machado, no hubiera tenido por cosa cierta que el autor de tal obra es persona de grande erudición y talento, la lectura de sus *Impresiones y juicios* me habría de ello convencido.

Aquel libro (*La Avellaneda*) fué para mí una sorpresa. Yo no conocía ni de nombre al Sr. Aram-

bura, aun cuando él habíase con
quistara, en buena lid, una repu-
tación sólida en España, como li-
terato y como hombre de ciencia;
y fué una sorpresa agradable, que
es bastante comenda, á los que
sienten honda, ver aparecer hom-
bres superiores en una época en
que son Cámaras del intelecto, me-
dianías nacionales.

Advertí que el señor Aramburo
no tenía una erudición á la viole-
ta, como la de muchos de nuestros
eruditos afamados; noté que á tra-
vés de sus páginas, veíase al hom-
bre laborioso y disciplinado, que
reflejaba en una prosa impecable,
su sistema de estudio y su cos-
tumbre de análisis.

Y tales condiciones que dan

profundidad y concisión al libro *Avellaneda, su personalidad litera- ria*, hállanse de nuevo, y aún más concretas, en el tomo de *Impre- siones y juicios* que sobrepuja, sin duda, á todo lo producido ante- riormente por el señor Aramburo.

Porque hay, sin duda, en *Im- presiones y juicios*, más frescura en la forma, más vida, más color, aun cuando, en mi sentir, no ha logrado todavía librarse de cierto dejo didáctico que resulta monó- tono y anticuado en todo lo mo- derno, imperdonable en quién sa- be apreciar la estética de la forma literaria.

En muchas páginas, que debie- ran ser totalmente hermosas, he notado ese defecto del Sr. Aram-

mios asuntos de que trata?......

De ahí que, algunas veces, el se-
ñor Aramburo dedique á un asun-
to mismo muchas más páginas de
las que en realidad precisa; pero
es tanta la discreción del escritor,

y tanta la **fluidez** de sus concep-
tos, que no logra, aunque lo de-
seara, **cansar** al lector que emplea
largas horas en *Impresiones y jui-
cios.*

Aminorado un defecto que pue-
de llamarse *de tono*, en ciertos ca-
pítulos del libro, hace las delicias
de sus admiradores en *El amor
según la filosofía popular*, en *¡Paso
á la crítica!* y hasta cierto punto
en su bien pensado estudio sobre
La épica contemporánea, en donde
los buenos prosistas, amigos del
modernismo palpitante, hallarán
durezas no del todo merecidas.

Hay méritos positivos en esos
escritores que el Sr. Aramburo
cree desprovistos de pensamien-
tos, que es como creerles estériles

ni es capaz de hartar la belleza,
por pródiga que sea, en los deli-
cados credos de la épica francesa,
aunque disten mucho de la serena
prosa del maestro Menéndez Pe-
layo.

Tiene el Sr. Asambaro puntos
de contacto visibles con el crítico

de *Los Heterodoxos*, siendo menos ameno, y menos gramático que el, para mí, príncipe de los eruditos castellanos. Por eso, el señor Aramburo, á pesar de que su espíritu es enteramente español, y su educación literaria enteramente madrileña, no tiene exacto parecido con ninguno de los críticos españoles. Posée, en las creencias, mucho del enfermizo misticismo de Leopoldo Alas, pero es menos amargo en la expresión de sus ideas y en ellas más persistente.

Clarín suele salirse de los moldes á que voluntariamente se ciñe: es, tal vez, contra sus aspiraciones, poco cuidadoso ó menos convencido. Aramburo no se sale nunca de los límites que tiene bien tra-

es ni el magnífico artículo dedi-
cado á Castelar con motivo de la
muerte inesperada del tribuno in-
signe. Ostenta bien claro, el señor
Aramburo, en los artículos cita-
dos, un colorido hermoso y suges-

tivo, y los matices de su fino en tendimiento. Desarrolla, además, en esas páginas de oro—sembradas de perlas y ópalos—disentimientos corteses, que ni hieren, ni siquiera lastiman. ¡Es esa, en la polémica del día, cualidad distintiva, dón que poséen, para sobresalir, ingenios superiores!

En Mariano Aramburo y Machado, tenemos, los cubanos, una personalidad prestigiosa que nos hace falta, y cuya literatura, á pesar de tal ó cual reparo, estimo que es salvadora, dado que por lo general se produce aquí poco y malo. Pero, ya que él aspira—y es justa y plausible su aspiración—escribiendo de asuntos que apenas caben en nuestro medio, ex-

poniendo un criterio tan libre que
necesita para expansionarse un
horizonte más ancho que el nues-
tro, á traspasar, su nombradía, del
círculo que aquí se le ofrece y aún
se le escatima; ya que su fé en el
trabajo y su entusiasmo le dan
fuerzas para sobreponerse á la es-
túpida indiferencia de los más, el
Sr. Aramburo no debe salirse de
su individualidad literaria, para
que así robustezca sus propias ap-
titudes, y evite que en su podero-
so cerebro esté próxima—paro-
diando una bella frase de su ar-
tículo *Feminismo*—esté próxima
una nueva Babel, en donde, no las
lenguas *sino las tendencias*, se con-
fundan en estéril y espantoso *an-
droginismo*

Es preciso animar, con el aplau-
so discreto, á los que son, como
Aramburo, talentos fecundos y
hombres de inspiración capaces
de conmover con la palabra escri-
ta, el interés de un público que no
lée nada que le obligue á pensar
en serio — tormento de los tor-
mentos. Tales hombres son capa-
ces de llevar á la ruina á los que
toman por asalto la pluma y el
papel...... despedazando las me-
dianías insultantes en el vórtice de
un huracán de carcajadas.

Y trabajar...... trabajar mucho:
trabajar por los ideales íntimos
que no se forman al calor de pue-
ril vanidad; ser, como Esquilo, en
el triunfo, el cantor y el héroe......
tener, al cabo de muchas decep-

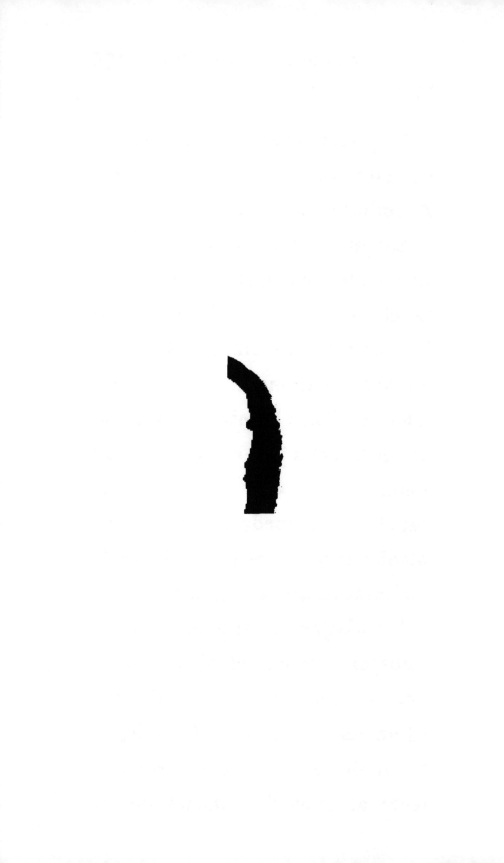

LA CABEZA DEL POETA

CORRESPONDENCIA ESCRITA

PARA

El Mundo DE MÉXICO

LA CABEZA DEL POETA

Los señores críticos (1)—los
que presumen de serlo, mejor di-
cho—hablaban, y siguen hablando
y hablarán siempre del renaci-
miento literario en Cuba, como
resultante de la Revolución......
y, si no me equivoco, ó la mente

---

(1) El ingenioso escritor Luis
Carbó, se quejaba de la *poca fe-
cundidad* de la literatura revolu-
cionaria, no ha mucho, en el perió-
dico *Patria*.

miza, con predominios retóricos
insufribles.

* ***

La Revolución ¡señores críticos!
no nos ha traído arte: nos ha traí-
do simplemente *yankees*. Lo uno
es en su totalidad incompatible
con lo otro. Quedan aún del tiem-
po viejo, las canciones de la es-
clavitud, que se repiten con seme-
jante intensidad y melancolía. Las
canciones populares, van con el
estado moral del país: nada más
triste que la harmonía rústica del
canto polaco, nada más alegre
que la copla inglesa, nada más
dulce y quejumbroso que la guaji-
ra cubana. Pero, esos himnos bra-
vucones de las guerras implaca-

qué renacimiento tan hermoso nos ha traido la bendita Revolución!"

¡Oh! ¡señores críticos! mientras ese *algo* —bueno ó malo—no tome forma tangible, y personifique un solo artista verdadero brotado de la guerra de independencia, dejémonos de renacimientos y tonterías!

La Revolución ¡señores críticos! no ha traído nada en cuestión de arte, y mucho menos en cuestión de ciencia y filosofía. Mas bien —y aquí de los que piden para mí una discreta mordaza—la Revolución nos ha restado mucho siquiera sea en la producción sana é inspirada de nuestros *genios*, que ha sido suplida, penosamente, por la literatura patriótica, enfer-

canciones populares, van con el estado moral del país: nada más triste que la harmonïa rústica del canto polaco, nada más alegre que la copla inglesa, nada más dulce y quejumbroso que la guajira cubana. Pero, esos himnos bravucones de las guerras implaca-

bles...... esos cantos que remedan
cañones que se arrastran y balas
que cruzan y cortan el aire......yo
no los conozco, con el perdón de
los que me tienen por erudito, y
tengo para mí que en caso igual
se encuentra un heroico general
cubano que, á falta de versos be-
licosos y cantos como toques de
ataque á la bayoneta, repetía en
la soledad de su cuarto, con notas
de guaracha autonomista:

"En la calle de la tranca
y esquina del matadero,
vive un viejo majadero
con su cabecita blanca."

Y no hablemos de pintura, que
sólo se conserva alguna acuarela
discordante y en exceso cursi, en

poniendo un criterio tan libre que
necesita para expansionarse un
horizonte más ancho que el nues-
tro, á traspasar, su nombradía, del
círculo que aquí se le ofrece y aún
se le escatima; ya que su fé en el
trabajo y su entusiasmo le dan
fuerzas para sobreponerse á la es-
túpida indiferencia de los más, el
Sr. Aramburo no debe salirse de
su individualidad literaria, para
que así robustezca sus propias ap-
titudes, y evite que en su podero-
so cerebro esté próxima—paro-
diando una bella frase de su ar-
tículo *Feminismo*—esté próxima
una nueva Babel, en donde, no las
lenguas *sino las tendencias*, se con-
fundan en estéril y espantoso *an-
droginismo*

do un poeta: ¡Qué pena me causa dar su nombre hoy que nada menos se le quiere "lynchar:"

¡Pedro Piñán de Villegas!

Un caballero dentista, á quien nadie tuvo el honor de conocer, hasta que con un grado del Ejército Libertador, cantóle, en buenos versos, á su yegua, yegua que amaba mas que á su madre (dicho sea sin ofender).

Caracterizábale, en la manigua, su modo extraño, nada guerrero, y profundamente antipático. Sus compañeros no le amaban con el desinterés que suelen amarse los amigos en el peligro. Era odioso.

Jamás pidió un puesto de peligro en el combate. Pidió, en cambio. papel, tinta. pluma. Y en

Y......¡señores críticos! cuando la guerra se acabó, el señor Piñán de Villegas hizo su entrada triunfal en la Habana, con las estrellas de Teniente coronel y su volumen de odas patrióticas.

—¡He ahí al poeta de la Revolución!—dijeron muchos.—¡Viva el poeta de la guerra!......

Y Piñán hizo sus primeros versos de la paz; unos versos hermosos, inspirados en una pasión que nacía con el resplandor de lo que es luz y no se puede apreciar, y por lo que comenzamos á tener por buen poeta al señor Piñán de Villegas (dentista).

Al fin, los amores del señor Piñán, fogosos como todo lo suyo terminaron en una boda vulgar con los testigos correspondientes, y todo lo del caso. Esperanza (su esposa) le pedía versos, y el artista daba rienda suelta á los consonantes que bullen en su alma.

Como poeta, no simboliza la

Pero, al cabo de los meses, la prensa sacó á relucir á Piñán, que aparece con el dictado de *parrici da*, unido al de poeta y dentista y Teniente coronel. He aquí la historia, breve y terrible.

Piñán dijo; *yo* poeta y marido? Pues necesito hacer algo que conmueva mi ser y que produzca raudal de inspiración á mi lira. Y despojó á la niña de sus vestiduras y la paró en una silla. El poeta viendo la imagen misma de Afrodita (allá en sus sueños) le dedicó un poema.

Quiso hacer versos tristes, luego, y la martirizó, para martirizarse. Quiso luego verla sufrir crueles dolores, para inspirarse n ás, y ejerció de Jack *el Destripador*. ¡Hermoso oficio! Después cortóle el pelo, para hacer algo que significara la brutalidad de los celos.

— No quiero que tengas adornos para otro—le dijo tijera en mano.

Otra vez la amenazaba con su revólver de Teniente coronel, si

tras en la casa de la mártir, un
cuadro fúnebre, terrible, de dolor
inmenso, indescriptible, se desa-
rrolla, el poeta dentista, allá, en
la cárcel, hace sus odas eróticas,
y llora, con lágrimas de cocodrilo,
á su Esperanza perdida. Ha sen-
tido una gran conmoción, tal vez
la que él quería. El hombre llora,
pero el poeta está satisfecho......

Son las doce de la noche......El
mar refleja su melancolía, el cielo
está nublado, la luna aparece cu-
bierta por un velo. ¡La acusación
de la naturaleza, el velo nupcial,
alumbrado por una lágrima in-
mensa!

Y el pueblo, desbordado por las

calles, ese pueblo que no pidió la cabeza de Porrúa en días de desolación y exterminio, pide *la cabeza del poeta*, el único que salió de la Revolución!

Poetas hay pocos .... asesinos, muchos......A un lado, cubierta de flores. veo la dulce Esperanza, que sonrie, después de muerta, como si tuviera lástima de cuanto la rodea. En el calabozo, hecho un loco, veo al poeta, con la fiebre de la inspiración, escribiendo sus estrofas de dolor, a la luz tenue del farolillo vigilante que no le quita la vista de encima......

El pueblo continúa pidiendo *la cabeza del poeta.*

(Agosto, 1899).

INSTANTANEAS DE LA CONVENCIÓN

MENDEZ CAPOTE

MENDEZ CAPOTE

La política es el drama trágico, sin fin, de los pueblos civilizados. Todos somos actores y espectadores suyos: pasamos por ley de prestidigitación involuntaria de la escena á la luneta y de la luneta á la escena. Pero hay quien toma por asalto un palco de piso principal, aplaude, ríe, y salta luego al proscenio y declama y triunfa. ! Benditos sean los que representan

envolvimiento de los pueblos. Y en nuestra política, se realiza el ideal de los autores. Los políticos cubanos no dejan que la cortina caiga, manteniendo así, en excitación perenne, á un público incansable.

Los partidos políticos se caracterizan en dos grandes figuras que no se mueven de la escena. Las anima, eso sí, por turnos, la ventura ó la desdicha, el éxito ó el fracaso: dos figuras distintas, cada una en su poltrona de luces verdes ó rosadas, según los casos, algo así como el simbolismo de Strindberg en su *Coram Populo:* "Dieu et Lucifer chacun sur son trone." Y la inteligencia ó la suspicacia del público está en adivinar cuando es Dios republicano ó Lucifer nacionalista; cuando la política de un partido cae á las llamas del infierno ó sube á las regiones encantadas de la gloria, al imperio monótono del Todopoderoso.

En la tragedia de la política cubana el cuadro principal es la Convención Constituyente, porque en ella conságrase la victoria de la

original. Un discurso tierno, sin
lágrimas.

Poco rato después ocupó la Pre-
sidencia. Habló y...... habló con
dificultad. ¿La emoción? ¿El te-

rror?...... El hecho es que dijo esta frase:

—"Con la indepen lencia la tierra será fértil."

Y desapareció de sus labios la sonrisa.

Prefiero siempre una actitud suya á una frase. Dice más plegando los labios que abriéndolos.

No creo preciso ser orador para ser ilustre. Y por ser ilustre y no ser orador el señor Méndez Capote, la presidencia le salva y él salva la presidencia.

Un hombre recto—él lo es,—sereno, con todo el valor de sus convicciones, puede dirigir sábiamente los debates de una cámara. Sobre todo: el presidente es el Reglamento en carne y hueso. El

en su cor
ce. El Sr. Méndez Capote no sabe
retórica, ni ha estudiado el *ocultis-*
mo literario: su frase es clara. Así
como el Sr. Sanguily necesita ex
plicar en cada período el períod
anterior de su discurso, el Sr. Mé
dez Capote no necesita explic

nunca sus palabras. Son las palabras del uso corriente. Brotan de un cerebro bien organizado y no sufren las transformaciones de la fantasía. ¡La fantasía no reina en el alma del Sr. Méndez Capote!

El mérito más grande que para mí tiene el Sr. Presidente de la Convención, es la sencillez. Pertenece á la clase de los que no se enorgullecen con el puesto, sino que el puesto se enorgullece con ellos. Es siempre el mismo para sus amigos. En política ha llegado á una altura: ni avanza ni retrocede.

Para la Revolución fué un hallazgo: un ciudadano inteligente,

ciplinado, sin fuegos fatuos en
cerebro, con aptitudes magnífi-
s para dirigir las Asambleas.

Llega hoy, por eso, sano y sal-
o, discutido y valeroso, á la ter·
era Presidencia.

De haber vivido en la época del
paganismo, hubiera sido un estoi-
co. Su causa hubiera sido la causa
de los libertos; pero nunca se hu·
biera hecho amar de ellos.

La causa de la Independencia
de Cuba, le ha robado el sueño de
muchas noches, la tranquilidad de
muchos días;..... y sin embargo,
no aparenta haber hecho cosa de
valer.

Habla, algunas veces, de los h
chos de los demás. De los propi
no habla nunca. Predicó en l

campos, en el murmullo de los fu
siles, en el traqueteo de los campa-
mentos, el heroismo que es la ver-
dad práctica de los libertadores.
Pero la muerte no ha sido su ar-
gumento favorito. Su sermón no
ha sido de Cuaresma, ni su tribu-
na la tumba de un redentor.

Alguna vez llama en su auxilio
la Providencia. La Providencia no
le oye. Tropieza, se detiene ¡y ga-
na prosélitos! Pero no ha triunfa-
do con la palabra; ha triunfado
con la acción, con el gesto, con la
mirada de sus ojos pequeños y
claros.

Atiende siempre, con corrección
y curiosidad, á lo que dicen sus
compañeros. Cuando el que habla
se empeña en demostrar algo que

desconoce, pestañea, se agita, y trata de justificarse con su propia conciencia. Tiene siempre una salida, una respuesta pálida que equivale al grito enérgico de ¡NO ME RINDO! Si se le agotan los argumentos —lo que raras veces sucede—advierte algo que deja al auditorio en suspenso. Salomón ha dicho, y él está con Salomón, "que toda cosa que se aprende es una cosa que se tenía olvidada."

¡El Sr. Méndez Capote tiene olvidadas muchas cosas!

*
* *

La Historia recojerá el nombre del Presidente de la Convención. El piensa en este honor y se siente satisfecho. Su tarea es difícil

y seria, la más difícil y la más se-
ria de toda su vida. Rodéanlo
treinta hombres. Si fuera un ge-
nio, diríase propiamente que es un
sol rodeado de treinta mundos.
Ordenar un mundo es cosa impo-
sible. Ordenar ¡treinta! no lo ha
logrado el que tuvo el buen humor
de hacerlos. De ellos sacará, sin
embargo, el Sr. Méndez Capote,
la ley y la igualdad de una Repú-
blica harmónica y levantará acta
sagrada de lo que cada cual ama
la patria y la justicia.

Desbordados correrán á sus pies
los rios, encresparanse las olas á
su vista, azotarán su cuerpo los
vientos de un huracán de ideas y
de aspiraciones...... El Sr. Méndez
Capote sera inflexible. No le ha-

rán palidecer los ataques de los
descontentos. No quebrarán sus
nervios, los estremecimientos de
la complicada batalla, la batalla
de los credos políticos y de las

ha de sonreir siempre! Y ya sabe-
mos que la sonrisa es, en sus la-
bios, el mejor de sus discursos!

Diciembre, 1900.

RIUS RIVERA

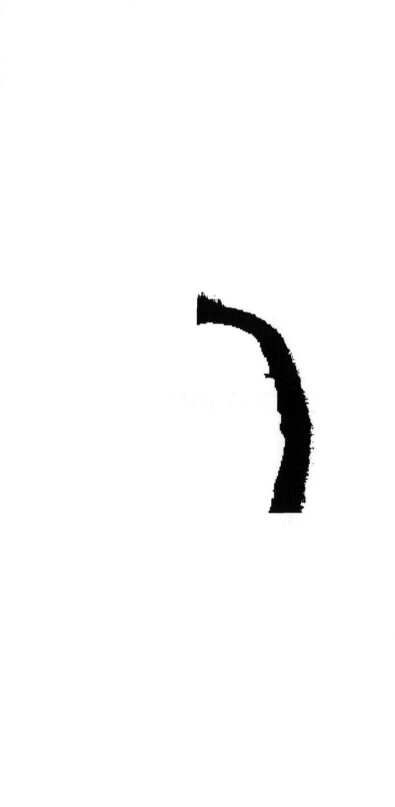

RIUS RIVERA

He ahí uno de los grandes servidores de la patria; una de las figuras más prominentes de la Revolución; un hombre firme, irreductible. Supo, en días de entusiasmo y gloria, ponerse al frente de un bravo ejército: y supo combatir. Marchó con la cabeza erguida y el corazón palpitante al campo del peligro. Cayó. Pero su alma poderosa rugía, aun, en la

éxito aquella página de oro......
y abrieron, con sangre buena, al
triste cautivo, las puertas de su
calabozo, su calabozo negro, asilo
de legendarias lealtades. ¡Y cuán-
tas veces, sin que la desesperación,
ni el cansancio, ni el remordimien.

to hicieran presa de él, cruzarían por su cerebro augurios dolorosos, teñidos de la sangre de sus venas, rápidos, con el rápido cruzar de un mundo loco que atraviesa el éter envuelto en tempestades!

Rius Rivera ocupa hoy su puesto en la Convención Constituyente con la seguridad de que termina así la obra á cuyo servicio pusiera su vida y sus más poderosos esfuerzos. El que se fije en su actitud, en la sobriedad de sus palabras, en la persistencia de sus ideas, en su modo exento de afectación, no puede menos que verle en su pasado, como si fuera el libro abierto de sus hazañas; y al mirarle, todos, nos sentimos atraídos por ese instante de que

no actitudes de actor consumado.

Por eso, lo hemos oído siempre hablar poco y decir mucho; por eso, en sus faenas de diputado experto, le hemos visto rehuir el incidente vistoso en que hacen gala los más vivos de ingenio y los perspicaces. Creo que la primera vez que pidió la palabra fué para una cuestión de orden. Y las cuestiones de orden han sido su mayor preocupación. Mide y mide, con perfecto estudio, los minutos que se pierden y los siglos que se ganan; adivina en el espíritu simplificador del reglamento, el camino trazado para avanzar, y pide, dentro de él, lo que corresponde pedir, lo que es el fin y el objeto único de la Asamblea.

Su voz es dura, seca, como la voz que hería, en los oídos de la tropa, la orden severa del entendido jefe. Es uno de los hombres más militares que se agitan en nuestra política; pero es al propio tiempo uno de los generales que

Cuba le debe los afanes de la guerra y las tareas del bufete; que dispuesto en toda hora á defender la soberania del pueblo, pesaba las necesidades de un gobierno propio, menos fácil de crear que lo imaginado *á priori* por los impetuosos, entrando así á la lucha,

no sólo por el amor de Libertad,
sino por el concepto de Libertad.

.*.

Rius Rivera no vino á la políti-
ca cubana en busca de pingues
empleos. No. Ha sido Goberna-
dor de la Habana y Secretario de
Agricultura, casi por creerlo una
necesidad para el país y en ambos
cargos ha sido el hombre de siem-
pre, firme, de inquebrantables re-
soluciones que no se deslumbra al
resplandor del poder y que renun-
cia cuando lo juzga oportuno, sin
que tuerzan su paso por la vida
pública el murmurar eterno de los
que aspiran.

La actitud del general Rius Ri-
vera ha sido siempre, para el pue-

es un rasgo de afán inmoderado de notoriedad, sino un rasgo de valor. Rius Rivera ha sido el primero que ha avanzado, exponiéndose á la metralla del fracaso. Sus enemigos—que son pocos— le censuran. Sus amigos le aplau-

den. Y él deja grabadas, en el in-
menso cielo de la patria, cifras
que son tal vez presagios: y si no
ha salvado la República, ha salva-
do su conciencia. Con su concien-
cia está el pueblo.

Diciembre, 1900.

SANGUILY

SANGUILY

Según el testimonio de Taine, habiendo visto Diágoras coronar en un mismo día á sus dos hijos, fué llevado en los brazos de éstos ante la multitud. Encontrando tal honor demasiado grande para un mortal, el pueblo gritó:

—Muere, Diágoras, puesto que no puedes llegar á ser Dios.

Así, cuando en la Convención algún Delegado pronuncia con

cilla; pero es m
actitud, en la serenidad con que
dice las palabras más punzantes,
en el modo expresivo de mover el
cuerpo y de levantar las manos.
Su oratoria es de las que entu-
siasman al público siempre que no
trata de algo abstracto. Necesita

de la preparación y cuando pres-
cinde de ella es confuso y rebus-
cado. Por eso brilla menos en el
discurso de polémica que en el de
propaganda.

Sus discursos revolucionarios
en Nueva York—más literarios
que políticos, más ricos de hoja-
rasca que de ideas,—fueron la obra
de largos días de trabajo. Al ha-
blar sobre *Céspedes* y *Martí*, el 10
de octubre de 1895, usó botones
de fuego, recorrió el horizonte de
las metáforas luminosas, y se ins-
piró á la vista de una caída de sol.

Como orador, creo que ha hecho
cuanto ha podido hacer y creo, por
eso, que no hará más. Al perder
España á Cuba, el señor Sanguily
perdió uno de los resortes mágicos

Son muchos los que creen al
señor Sanguily, por más orador
que escritor. Son muchos los que
no leen sus artículos ni saborean
sus libros, pero acuden presurosos
a oír sus tempestades tribunicias.
En este punto me hallo en pleno

desacuerdo con los que así pien-
san. El orador tiene defectos de
que el escritor carece. Sus discur-
sos, leídos, pierden la intención
que él sabe imprimirles con el
gesto y con la mirada,

He leído páginas bellísimas del
señor Sanguily que revelan su
buen gusto, aunque, por lo gene-
ral, su estilo es ampuloso y suele
ser confuso al leerle por vez prime-
ra. Aunque el estilo de sus traba-
jos no es el de la época, y las ora-
ciones incidentales de sus intermi-
nables párrafos tienen algo del
Castelar de *La Hermana de la
Caridad*, yo gozo leyéndole. Se
advierte en él una fantasía envi-
diable, un poder de nuestro idio-
ma que es hoy cosa rara hasta en-

ra en quien trabaja con extremada actividad y verdadero amor.

El señor Sanguily es un crítico, un crítico completo, en quien concurre la fortuna de una frase brillante y hermosa. No podría escribir una novela, ni describir un paisaje, ni expresar, con frase segura,

los desenvolvimientos de un alma
creada por la suya. Pero juzga y
juzga con derroche de talento, y
adornado de colores vivos de ima
ginación excelsa, el estado de áni-
mo de un pensador en el momento
de producir y el medio en que la
obra de arte se ha producido. Es
un apasionado de Taine: ha bebi-
do en sus obras la filosofía del ar-
te, los mejores principios para que
el analista no caiga, rendido, en
un infierno de conjeturas absur-
das.

No tiene las delicadezas de los
poetas zorrillistas, pero aventája-
les en el equilibrio de sus faculta-
des, en el equilibrio de su imagi-
nación. Lo vemos, admirable, ha-
ciendo la crítica de Enrique Pi-

Caballero que no tiene condiciones para la posteridad, en Francia y en la misma España no pasarían de ser, por su *formación*—digámoslo así—más que el aviso de una eminencia que aparece.

El señor Sangnily no cree contraído con sus admiradores de Cuba el compromiso de hacer obras fundamentales de más aliento que sus *Hojas literarias*, que, á pesar de su mérito, son poco para trascender á la época y para haber influido en ella. Nuestros descendientes, perdidas las obras del señor Sangüily en las librerías viejas, muerta su producción á garras de voraz polilla, sabrán que existió en estos tiempos un gran escritor, y lo creerán, porque de algo val-

países, alardean de sabios consumados.

Figurando entre nosotros como estrella de primera magnitud; siendo para las letras cubanas un prestigio, el señor Sanguily ha sido y es un escritor que llega á la cumbre del Sinaí de la gloria, sin aportar un caudal rico de producción. En otros países los genios llegan á la fama, esa coquetuela de las medianías, con obras que pueden cimentar la inmortalidad de un pensador. Entre nosotros no es así. El señor Sanguily, con facultades extraordinarias, con un cerebro admirablemente organizado, ha escrito muchos artículos, magníficos artículos, ha hecho libros que, salvo el de *José de la Luz*

cender á la época y para haber in-
fluido en ella. Nuestros descen-
dientes, perdidas las obras del se_
ñor Sangüily en las librerías viejas,
muerta su producción á garras de
voraz polilla, sabrán que existió
en estos tiempos un gran escritor,
y lo creerán, porque de algo val-

drá—y no es esto broma—la pa-
labra de honor de toda una gene-
ración.

⁎

La significación política del se-
ñor Sanguily es grande.   Ha sido
un sincero, un sincero en todos los
momentos, y, acaso, más acentua-
do, en los instantes difíciles.   Es
este uno de los aspectos más inte-
resantes del hombre público, y en
el que su obra ha de perdurar.

Sanguily fué en Cuba, siempre,
el estandarte del separatismo: la
causa de tantos mártires fué en él
una convicción.   En la plenitud
de la paz, no aceptó más política
que la de Yara, ni más bandera
que la de Céspedes.

Sanguily influenció, así, pode-

lla inextinguible de las grandes ideas.

***

Tal es para mí Manuel Sanguily, el hombre de la guerra de los diez años, el Mirabeau de la Asamblea de Santa Cruz, el delegado á la Convención Constituyente de la Isla de Cuba. Batallador, eternamente descontento, los cubanos oimos y respetamos su palabra, sus batallas, sus descontentos. Pero, á mí, cuando le veo entonar el clarín de guerra contra una frase mal dicha ó contra la opinión baladí de un inconsciente, se me ocurre y ardo en deseos de gritarle:

—Muere, Diágoras, puesto que no puedes llegar á ser Dios.....

DR. TAMAYO

DR. TAMAYO

Al subir, por su propio mérito, á puestos de gran importancia, desde los que influye en los destinos de este país, el Dr. Tamayo no encontró obstáculos: y esta facilidad que pudiéramos llamar *dichosa*, no es más que el resultado de su vida, el reflejo de su conducta en el orden político, la consecuencia de todos los actos de su historia de hombre público.

Una vez constituida en Cuba la
República, si el Dr. Tamayo for-
ma parte de un gobierno, se eter-
niza en la poltrona. ¿Por qué?
Porque sus enemigos no tendrán
argumentos contra él, porque sus
amigos no podrán arrastrarle al
fracaso con las necesidades de

ambición desmedida. Pero, el día
en que el Dr. Tamayo se encuen-
tre de frente á un gobierno ene-
migo de sus principios, violador
de la Constitución y de las consa-
graciones revolucionarias, forma-
do por hombres que llevan en el
alma el veneno del retrogradismo
impuesto por su historia, egois-
tas, débiles en medio de la más
cómica soberbia, capaces de colo-
car la silla del ejecutivo bajo el
púlpito de un jesuíta, el Dr. Ta-
mayo no podrá combatirles, su
palabra no tendrá los fuegos que
precisen para reducirles á cenizas,
aunque sabrá, eso sí, acusarles
ante la razón y ante la conciencia
pública. Si la desdicha nos llevara
á caer bajo el brazo de gobiernos

vicciones, rematando, en el soste-
nimiento de sus prestigios, una
vida útil á la patria.

Esta es la más grande satisfac-
ción del Dr. Tamayo. Como no es
literato, no dejará obras que figu-
ren, en un porvenir cierto, en los
catálogos de las bibliotecas públi-

cas que han de levantarse. Como
no es orador, no dejará discursos
que envidien los que, inimitables
en ese arte, sienten celos de cuan·
tos, como ellos, tienen buenas
condiciones de oradores. Pero, el
Dr. Tamayo dejará un nombre
como político sincero, como hijo
predilecto del país que ha dis-
puesto siempre de su gran cora-
zón y de su gran inteligencia.

Fué autonomista, cuando la au-
tonomía era una solución que,
como recurso, ó compás de espera,
no cerraba el horizonte á las ideas
separatistas. Cuando la Revolu_
ción fué un movimiento serio, im_
portante, el Dr. Tamayo dejó de
ser autonomista: formó fila con
los cubanos más avanzados, que,

enemigos del sistema de gobierno
que retenía á Cuba para la civili-
zación y la libertad, querían rom-
per todas sus relaciones con Es-
paña. Y el Dr. Tamayo, con su
nombre, con su talento, con su
constancia, con su entusiasmo, es-
tuvo allí en donde hiciera falta;
aumentó el número de sus amigos,
el número de sus admiradores, y
no hallaron sus contrarios, en
mucho tiempo, el medio de com-
batirle.

No es el Dr. Tamayo hombre
de pasiones perturbado por el
odio: yo creo que él no ha odiado
jamás. Ha tenido la suerte de
saber dominar sus sentimientos
cuando ellos pudieran poner en
peligro soluciones para la patria.

Su moderación, en todos los actos
de su vida pública, es notable: dió
ejemplo de ella en la Asamblea de
Santa Cruz como lo da hoy en la
Convención Constituyente. El se-
ñor Giberga le ataca un día lu-
ciendo sus habilidades de parla-
mentarista consumado, en un dis-
curso elocuente en que define su
situación de conservador neto ro-
deado de revolucionarios y radica-
les: el Dr. Tamayo contesta sin
impaciencias, sin ataques crueles,
sin palabras agudas que levantan
la piel y estremecen. No. Habla
poco y dice mucho: sintetiza. Y
sin arrogancia, y sin periodos bri-
llantes, y sin pedir ayuda al Dios
del Sinaí, como lo han hecho Cas-
telar y Méndez Capote, ha con-

te, ignoraban los hondos secretos de su carácter, el Dr. Tamayo se ha revelado más de una vez como en la metamórfosis de una transformación que completa su personalidad.

El Dr. Tamayo es un carácter. Los más de los que le han seguido.

paso á paso en su camino, admiran este aspecto suyo. Si la fuerza de su voluntad no nació con él, la fundió, en bronce, la hoguera revolucionaria desarrollándola con su enseñanza, como antes del cristianismo la enseñanza de Zenón produjo el milagro de la constancia infinita.

Equilibrado en todas las manifestaciones de su ser moral, no vive envanecido de sus éxitos, pero conságrase, por respeto á ellos tal vez, con más amor cada día, á los problemas escabrosos que su cargo de Secretario de Estado le impone. Milita en las filas del Partido Nacional, y procura enaltecer y solidificar su partido. Pero, no es de los que ana-

Estos hombres son los que Cuba necesita ver en el desempeño de sus altos cargos. Su fama que va penetrando á lo más íntimo de la conciencia de nuestro pueblo, acaso no le haya preocupado nunca, sin desdeñar los laureles que coronan á los virtuosos y á los patriotas de cuerpo entero.

¿Habrá pensado alguna vez el Dr. Tamayo en la celebridad, en lo que la celebridad significa, en lo que la celebridad proporciona? Modesto por naturaleza, no habráse detenido ante estas consideraciones, ni á solas, en los momentos en que discute consigo mismo sus actos, su pasado y su porvenir.

¡La gloria no es para todos una quimera! En política tal vez sea ciertal... Aunque en esto de la gloria, yo tengo el criterio de un héroe de Sienkiewicz á quien sólo servía de alfombra para extenderla bajo los piés de la mujer amada......

GIBERGA

GIBERGA

La mayor de las torturas sería,
para el insigne Eliseo Giberga,
condenarle á prescindir de la polí-
tica. Es político, como Benjamín
Constant es pintor, como Jean Mo-
reas es poeta, como Gabriel D'An-
nunzio es novelista. La política es
su ciencia, es su arte y es su dandis-
mo. Hace política por convicción,
por entusiasmo, por costumbre.
Sabe y conoce la política de los
grandes países de América y de

con Waldeck-Rousseau, marcha-
ría en el acto al parlamento inglés
á sostener la soberanía boer en
altercado tremendo con Chamber-
lain; y detendríase un instante en
el Congreso español á poner de
oro y grana los alcances de econo-
mista de Villaverde......

En todas partes el señor Giber-
ga cae bien, y sabe, desde el pri-
mer instante, entrar á escena. Tie-
ne del águila la mirada, pero le
falta del alcón la paciencia. Ha
sufrido en su vida de hombre pú-
blico grandes conmociones y gran-
des fracasos. No se rinde á ellos,
sin embargo, porque lleva en el
corazón vivos sus amores, y en el
cerebro vivas las luces de su pode-
roso talento. Y avanza siempre
que puede, y en todos sus actos y
en la más sencilla de sus palabras,
hay una táctica maravillosa, no
perceptible á ojos profanos.

Jamás ha perdido sus derechos
á la política cubana. Cuando él
crée que le olvidan, que lentamen-
te van descartándole de la campa-

parece que pronuncia el último de sus discursos y que asiste al último de sus actos públicos.

El señor Giberga comparte con Manuel Sanguily y con Juan Gualberto Gómez el prestigio de la elocuencia en la Convención Constituyente. Su palabra es abrumadora y fácil. Semeja una cascada de piedras finas sin colores. Posée un vocabulario enorme que no se agota nunca, y posée el don de, sin preparar sus discursos, decir lo que quiere con claridad, y aplicar la palabra justa al concepto que expresa. Como orador parlamentario es esta su primera cualidad. Jamás cansa al auditorio. Dice siempre algo nuevo, algo original. Su actitud es propia, no la toma

defendido la acción política de la Iglesia, en amores públicos con el Estado, y se ha visto en el caso de aspirar á ser, sin duda á su pesar, la muralla, endurecida por los años y por la tradición, en que estrellábanse, en el Congreso español, su liberalismo avanzado y su juventud fogosa.

Para Castelar, el Dios del general Prim era el acaso y su religión el fatalismo. En instantes difíciles el señor Giberga ha echado manos de ese Dios y de esa religión. Para Castelar el ideal del general Prim era lo presente. El señor Giberga sueña en lo porvenir. Cifra en él sus esperanzas, aunque en ocasiones, por mor de un discreteo no siempre hábil,

entre los amigos del bullicio, como
si levantara la voz más poderosa
entre los dioses altivos del mutis-
mo, como si dijera la palabra sin
respuesta , adoptando la forma
única de expresar el único pensa-
miento. Y así, en medio de un
público á quien por breves instan-
tes sugestiona y domina, defiende
los credos á que su pasado le obli-
ga, afirma las creencias que, hace
años, jamás hubieran pasado por
su mente, haciéndolas brillar en la
cámara, como el rayo de una luz
nueva que irradia un sol distinto.

El señor Giberga conoce á fon-
do el alcance de su palabra. La
lleva tranquilo, sereno, convenci-
do, á los centros políticos. Huye
y sabe huir de los centros litera-

de pinturas extrangeras y tiene,
por eso, la personalidad que, por
sus facultades, ha logrado con-
quistarse.

De mí, puedo asegurar, para
ser sincero, que jamás me canso
de oir al señor Giberga. Mantie-
ne á sus oyentes en plena excita-
ción, gusta de presentar los argu-
mentos más felices sobre el fondo
claro obscuro de su astucia y
siempre se espera algo suyo que
emocione hondamente y que re-
percuta en las galerías como un
trueno lejano y prolongado.

A los apasionados que ven en
él al autonomista, los hace pasar
con frecuencia de la indignación á
la admiración, y su palabra tiene
la propiedad de inspirar el silencio

rentes, á no perder un solo deta-
lle del encuentro. El señor Gi-
berga hace uso de sus estrategias
de diputado antiguo. Su figura se
yergue serena y su voz es clara y
robusta. El señor Sanguily forma
parte del público mientras el se-
ñor Giberga habla, y con él admi-
ra y con él desaprueba, y opónele
luego su frase de bronce, inque-
brantable, que fija en la concien-
cia del señor Giberga como una
columna indestructible. Giberga
se complace en oir al literato, es-
tudia, analiza cada concepto del
orador revolucionario, y saca, co-
mo un prestidigitador del pensa-
miento, un caudal de argumentos
ingeniosos que brotan en una
fuente de palabras frescas.

rios. Un discurso de Giberga sobre asuntos de arte, es inconcebible: haría de Miguel Angel un senador romano, de Pompeyo un poeta de combates, y confundiría con Cánovas y con Rochefort á Núñez de Arce y á Verlaine. Tendrá, como yo creo que tiene, alma de artista, corazón sensible á las exquisiteces del verso, de la novela, de la pintura. Pero su arte es la polémica del derecho político, y en la oratoria de Gambetta y de Sagasta halla los ritmos de su poesía amada.

Al encontrarse el señor Giberga de frente al señor Sanguily, el público de las sesiones de la Convención siente cierto regocijo, y prepáranse hasta los más indife-

columna indestructible. Giberga se complace en oir al literato, estudia, analiza cada concepto del orador revolucionario, y saca, como un prestidigitador del pensamiento, un caudal de argumentos ingeniosos que brotan en una fuente de palabras frescas.

Tal es Eliseo Giberga como orador. Ha tenido la suerte incomparable de no confundir la retórica con la política. Abandonando aquélla ha robustecido ésta en su cerebro. Cuando la necesidad le obliga a ser retórico, lo es por adivinación. Y adivina bien· Tiene, eso sí, para su exclusivo uso, varias formas de comenzar sus discursos;

"No pensaba, señores Delegados, tomar parte en el debate...."

"Señores Delegados; era mi intención permanecer en silencio esta tarde......"

Pero sus exordios son breves y concisos y casi siempre sinceros. Para no ser monótono—él nunca logra serlo—tiene formas, también

desliza entre la espuma de las olas al aparecer los resplandores matutinos, la diosa que modela y agita la elocuencia del señor Giberga es pálida y bella, corre á la luz de pleno día, sobre la arena de las playas, con la mirada fija y la cabellera loca......

GONZALEZ LLORENTE

GONZALEZ LLORENTE

Unos opinan que, físicamente, se parece a Kruger, y otros que tiene algo de Moisés. Pero su personalidad intelectual, en mi opinión, no tiene reminiscencias de nadie, y acaso sea este su mayor elogio. Tener perfil propio, no tomadas sus líneas de otro alguno; contentarse con el valimiento de sus poderes cerebrales sin ambicionar algo ajeno, es, á no

prenda bien. No tolera aquello que juzga contrario á sus creencias y al patriotismo. Debe ser buen juez como buen diputado.

Tiene una higiene espiritual especialísima. Da lecciones de ella á quien ose contrariarle, pero jamás dice de dónde la ha sacado.

Quien desée tal misterio, que atra-
viese la vida como la ha atravesa-
do él; que, al llegar á la cumbre
de la gran montaña de los años,
no apague los fuegos de su cere-
bro la nieve que le cubre en perpe-
tuo invierno. Ahí está el secreto.

González Llorente tiene afec-
tos, entusiasmos, sentimientos ju-
veniles. Anciano en él sólo es lo
mortal. Pero, adviértese, al oirle
en el menor incidente de la Con-
vención, que padece excitaciones
de que carecen muchos á quienes
la vida sonríe en sus albores. Y
ligeramente modificadas ó conte-
nidas algunas de estas excitaciones
suyas, por la experiencia que de
las cosas y de la vida tiene, suele
dar la nota inesperada, original.

virtud que inspira respeto pro-
fundo.

Una vez creyó que iba á tener
que discutir, analizar, leer cuida-
dosamente treinta proyectos de
constitución para Cuba y puso el
grito en el cielo: se ofuscó, ofus-
cado fué elocuente, y por un ins-

tante soñó hacer una gran revela-
ción á sus compañeros.

Sus debates han sido siempre
interesantes y vivos. Su amor á
ellos le impedía presidir bien la
Convención, y, para él, la Presi-
dencia era una carga que le con-
trariaba hondamente. Olvidado
de su puesto, discutía con calor y
los Delegados tenían que llamarle
la atención, volverle á la realidad,
á la dolorosa realidad de su carga
inmensa.

Lo dijo muchas veces en tono
alto, con palabras claras, sin ro-
deos. Lo dijo muchas veces im-
plorando la benevolencia del cielo
y de la tierra:

"Señores Delegados: Quitadme
este peso de encima!"

González Llorente se mete en el
hábito de un franciscano y, escon-
dido en las Catacumbas de París,
administra los santos óleos á las
víctimas del crimen de los ideales.

Su imaginación es brillante, ca-
paz de abarcar el Universo entero.
Y esa imaginación que es la gala
poderosa de su gran cerebro, le
impide preparar y estudiar sus
discursos más difíciles. Y si lo
hiciera, por cierta desconfianza de
sus facultades própias, rasgo de
modestia, olvidaría al rato lo que
confiaba á la memoria, su elocuen-
cia, desbordada, fogosa, rompería
los moldes trazado, y concluiría
por hacer un discurso nuevo, algo
que no había previsto en la sole-
dad y en el silencio del bufete.

agradable, importándole poco el juicio que merezca á los críticos de oficio—ó á los no de oficio que suelen ser los peores.

Por momentos, se siente erudito y ameniza sus discursos con citas históricas que alguna vez confunde. Ha hecho su profesión de fe, en política y en religión, con valor y con la firmeza de toda una vida de convicciones arraigadas. Ha invocado á Dios cuando se ha querido negar á Dios. Ha defendido al clero cuando al clero se ha atacado. Ha ido á Roma cuando de Roma se ha alejado la Convención. Se ha remontado á los tiempos de la Revolución Francesa, y mientras Giberga obliga á César á rendirse al cristianismo,

¡Ah! González Llorente es un hombre que tiene ideas propias, y sus ideas le dominan y él se deja dominar por ellas. Funda en esto un motivo de orgullo que le hace honor.

Su voto ha sido siempre el voto del corazón que lleva fundido en el cerebro, como si fuera posible mezclarlos para arrancar de ellos la palabra conjunta de pensamiento y de amor, de entusiasmo y fe.

Y él deja, á su paso, los rasgos de su carácter, las ambiciones de su espíritu, marcados en el fondo de cuanto ha hecho y ha logrado la Convención Constituyente.

No ha sido un Castelar en la elocuencia, un Bismarck en la

profundidad, un Gladstone en la sangre fría de sus actos políticos. Pero, en cambio, ha sido uno de los luchadores más apasionados, uno de los que han queiido ver lo porvenir con más claridad, salvando escollos á las generaciones que vengan.

Por su gran corazón, por sus grandes sentimientos, hubiera traído á la Humanidad las tablas de la ley como Moisés y hubiera sabido sufrir las angustias, las inmensas decepciones de Kruger, en peregrinación por el mundo contemporáneo, negado por el siglo de la fuerza y la indiferencia.

BRAVO CORREOSO

Holanda Artística al Madrid de las Ilusiones.

Denner hubiera hecho una figu·ra semejante á aquel deportado político en quien no se advertía flaqueza ni arrepentimiento. De haber sido español el artista de los primorosos engaños, su tipo encontraríase en las colonias, en otros mares y en otros climas, con las huellas de un sol ardiente, así como Van Dyck, nacido en Sevi-lla, apegado á la idealidad de teso·ros remotos, más artista, hubiera acentuado su perfil caribe para la inmortalidad de una raza......

Y á través de los años, vencido allá y vencedor aquí, animoso en todo tiempo, discreto, serio, apli-cado en todas partes, Bravo Co-

BRAVO CORREOSO

Lo conocí una noche en el Ate-
neo de Madrid con su compañero
de infortunio Eudaldo Tamayo.
Pasábase las noches leyendo un
libro enorme de filos de oro que,
según malas lenguas, era la Biblia.
Su tez morena, su cuerpo delgado
y nervioso, sus ojos brillantes, ex-
presivos, febriles á veces, lo con-
vertían en un personaje de Denner
escapado del Louvre ó en un en-
sayo de Van Dyck, obsequio de

levantando el altar ó consumando el sacrificio.

Bravo Correoso es hombre práctico y de larga vista: busca entre ambos pareceres un término medio que es siempre el lugar en que se colocan los sabios. Su tribuna tiene vistas á todas partes y su corazón siente y sufre con el sentir y sufrir cubanos. Vive más en la realidad que sus compañeros de Oriente; no se deja seducir de los sueños que en noches de agitación del espíritu exaltan su alma; gusta ser, y en ello tiene buen juicio, el *vir bonus* de los sensatos aunque decline su fama de radical de cantón.

Bravo Correoso ha demostrado á los ojos del pueblo que no se debe en la Cámara Constituyente representar la provincia, sino re_ presentar el país; que no se debe representar la familia y la hacienda propia, sino todas las familias y todas las haciendas. Su personalidad ha sido, pues, interesante en la fragorosa lucha por la República futura, y destácase por sus individuales relieves.

Desde que Cuba se perdió para la corona borbónica, Bravo Correoso pensó en la Constitución de la República. Dedicado desde entonces al estudio del derecho constitucional, enriquecida su biblioteca con los mejores libros de las primeras autoridades, su vida fué consagrada á un ideal que habría de realizarse, no asalta-

rendido de fatiga, pero recobrando
fuerzas para continuar la jornada,
dichoso de no haber sido jamás
causa de demora en los trabajos
de la Convención.

No soporta, no puede soportar
que le detengan en sus propósitos.
Alza la voz con todas las fuerzas

cuentísimos. Ayuda á los que van
por buen camino, saca un argu-
mento de ciencia ó de práctica
agena, para decidir algo que se
presenta difícil, y suele. por últi-
mo, vencer en donde tal podría
imaginarse que ha sido su inter-
vención secundaria.

Sus discursos no son los más
atractivos. No le falta nunca la
palabra, pero le falta siempre el
color. Es para mí, un diputado
imprescindible por sus conviccio-
nes, por su valor, por su integri-
dad. Si sus discursos son escue-
tos, si sus imágenes son frías, si
sus ataques rasguñan, nosotros,
para las cámaras cubanas, necesi-
tamos hombres así. Su labor será
siempre la más segura, la más fiel,

cusión de un asunto grave, lo hace, desde luego, sometiendo su criterio al juicio de cuantos le atienden. Su *cliché* es conocido:

"Yo entiendo, señores......"

Bravo Correoso tiene otro sistema que á veces le dá mejor resultado. Busca en donde está el error de sus adversarios y les llama al buen sentido He aquí su *cliché* de costumbre: "No temáis, señores Delegados, que intente plantear un debate ....." porque él sabe por experiencia que es mejor tranquilizar á los Diputados que amenazarles con una polémica biliosa.

.*.

No he leído nunca artículos del señor Bravo Correoso. Es más, ignoro si los ha escrito alguna vez.

Pero, creo, por lo que en él he observado, que sería un polemista distinguido en la prensa, que su imaginación daría hermosos productos, llevándole su buen juicio por sanos derroteros. Su talento sabe descargarlo como corrientes eléctricas de pilas voltáicas, y á su escrito debe comunicar esas conmociones de tan buen efecto que sabe producir en los debates de la Cámara Constituyente. Y él pensará, cuando recuerde su propia labor, y pensará en ello satis.fecho, que no hacen falta á los que dan vida á la patria, flores y pinceles, que flores y pinceles hacen falta sólo á los que consagran, en obra de arte, con la estética inmortal, la grandeza de los profetas.

ERRATA IMPORTANTE

———

En la página 64, linea 2 dice *otro un poco soñoliento,* y debe decir *otro poco soñoliento.*

Lightning Source UK Ltd.
Milton Keynes UK
UKHW010705031218
333381UK00010B/844/P